전통자수

한국의 기본 자수 배우기

手作
느리게 만드는
특별한 이야기
10

전통자수

한국의 기본 자수 배우기

조희화 지음

팜파스

우리는 일상에서 "활짝 핀 꽃이 거리를 수놓았다"라든지 "가을밤을 아름다운 선율로 수놓았다"라는 말을 종종 보고 듣습니다. 실과 바늘로 땀을 놓아 무늬를 새긴다는 뜻의 '수놓다'라는 말은 수를 놓은 것처럼 아름다운 모습을 비유할 때에 자주 사용합니다. 이런 표현을 통해 우리는 알게 모르게 수를 놓는 것은 아름다운 것, 보기에 좋은 것이라는 인식을 가지고 있음을 알 수 있습니다. 이처럼 말로서는 꽤 친숙한 수놓기를 막상 손으로 한다고 생각하면 갑자기 낯설어 보일 수도 있을 것입니다.

시대와 유행이 바뀌면서 우리 자수에 대한 대중적인 관심은 줄어들었지만, 한편으로는 여전히 수놓기의 재미와 자수 작품의 멋을 찾는 사람도 있습니다. 이 책은 한국전통자수에 관심을 갖기 시작하고, 직접 수를 놓아보고 싶은 분을 위해 만들었습니다. 전통자수를 놓는 방식과 재료, 우리 자수 유물에 자주 보이는 자수기법을 소개하고, 그것을 활용하여 만들 수 있는 몇 가지 작품을 담았습니다. 누구나 이 책을 보면서 혼자서도 수놓기를 시작할 수 있도록 최대한 자세한 설명과 그림, 사진을 넣으려고 노력하였으나 지면으로는 다 표현하기 어려운 부분도 있음을 이해해주시길 바랍니다.

여러 쪽에 걸쳐 많은 설명을 적어 놓았지만, 사실 수를 놓는 일은 어떤 규칙을 반드시 따라야 하는 일이 아닙니다. 바늘과 실을 사용하여 놓은 바늘땀이라면 어느 것이든 수가 될 수 있고, 바늘을 어느 손으로 어떻게 잡는지, 어떤 실로 무슨 모양을 만드는지는 모두 수를 놓는 사람의 마음에 달려있습니다. 그런 자유로운 마음이 없다면 우리가 지금 보는 옛 사람들의 다양하고 멋진 유물 작품도 없었을 것입니다.

어떤 작품을 감상할 때나 직접 수를 놓을 때 그 작품의 아름다움이 기술적인 정교함에서 오는지, 전체적인 구도와 색감의 조화로움에서 오는지, 한 땀 한 땀 놓는 사람의 정성에서 오는지, 또는 그 모두인지 한 번 생각해보면 더 많은 것을 보고 느끼는 데에 도움이 될 것입니다. 한국의 전통자수를 놓으면서 오래된 우리 것을 이어간다는 뜻을 가지는 것도 물론 좋지만, 그보다 시대를 관통하는 아름다움을 보는 눈을 갖는 것이 중요하다고 생각합니다. 그래서 앞으로 우리가 꼭 전통자수라고 하지 않고 한국자수라고만 해도 전통과 현재를 아우르는 우리의 자수를 떠올리는 날이 오기를 바랍니다.

지금까지 제 작품을 함께 즐겨주시고 응원해주시는 많은 분들이 계셨기 때문에 제가 공방도 꾸리고 작업도 이어나갈 수 있었습니다. 아직 부족한 점이 많은 저의 작품에 관심을 가져주시고 가르침을 주시는 모든 분들께 감사의 뜻을 표하고 싶습니다. 우리 자수에 관한 책을 쓰고 싶다는 꿈만 가지고 있던 저에게 그 꿈을 생각보다 일찍 실현시킬 기회를 주신 팜파스 출판사와 이진아 실장님께도 감사의 인사를 드립니다. 예술가의 삶을 살겠다는 딸과 며느리를 보면 아직은 걱정이 더 앞서시겠지만, 그래도 제가 좋아하는 것을 하고 원하는 삶을 살 수 있도록 배려하고 이해해주시는 양가의 부모님께는 무한한 감사와 함께 죄송한 마음도 전합니다. 그리고 언제나 변함없이 저를 믿고 지지해주며 함께 길을 걸어가는 남편에게도 감사함을 남깁니다.

1장

기초
배우기

기초 3. 기초 자수 기법

기초 4. 수 마무리하기

화병도 花柄圖

_ 153 _

장생도 長生圖

_ 159 _

福囍 문자도 文字圖

_ 169 _

길상문 吉祥紋 베갯모

_ 177 _

1장

기초 배우기

재
료
와

도
구

한국의 전통자수를 놓는 데 필요한 재료와 도구의 용도, 구매 방법에 대해 소개하겠습니다. 모든 재료가 반드시 갖춰져야 하는 것은 아니며, 대체 가능한 것이 있다면 그것을 사용해도 괜찮습니다. 먼저 수를 놓기 위해 준비하는 과정에서부터 마무리하는 과정까지 필요한 재료를 단계별로 간단히 정리해본 후 하나씩 설명하도록 하겠습니다.

전통자수 과정별 필요한 재료와 도구

과정	재료와 도구
수틀 매기	수틀, 원단, 목공용 풀, 압정, 원단 가위, 바늘, 실
도안 옮기기	도안, 흰색 먹지, 접착 테이프 또는 시침핀, 색 볼펜, 두꺼운 책
수놓기	자수용 바늘, 명주실, 실 가위, 샤프 또는 초크펜, 무거운 책
마무리하기	밀가루 풀, 냄비, 버너 또는 전기주전자, 숟가락 또는 장도리(압정 뽑는 도구)

1. 바늘

자수용 바늘은 일반적으로 길이가 짧고 굵기가 가늘며 바늘구멍이 작은 것을 사용한다. 가느다란 실로 정확하고 섬세한 수를 놓기 위해서는 두껍고 긴 바늘보다 가늘고 짧은 바늘이 도움이 되기 때문이다. 제조 국가나 브랜드에 따라서 바늘의 규격 체계가 다를 수 있지만, 대개 자수용(또는 퀼트용) 바늘은 호수가 높을수록 작고 가늘다. 자수용으로 보통 8~12호 정도의 바늘을 사용한다. 하지

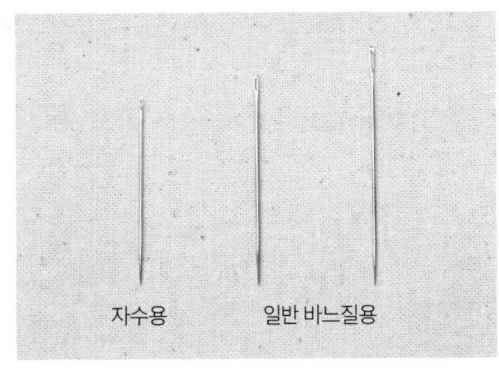

만 절대적으로 정해진 바늘이 있는 것은 아니고, 사용하는 실이나 수를 놓는 사람의 손에 맞는 크기와 모양의 바늘을 찾아 쓰는 것이 중요하다. 원단 시장 내의 부자재 상가나 수예점에서 다양한 종류의 바늘을 구매할 수 있다.

2. 명주실

전통자수에 가장 많이 사용되는 실은 누에고치에서 나오는 견사로 보통 명주실 또는 비단실이라고 부른다. 견(絹)이 갖는 자연적인 특성에 따라 견사는 은은한 광택을 가지고 있다. 그래서 수를 놓으면 수의 결에 따라, 수를 보는 방향에 따라 각기 다른 빛깔을 보여준다. 빛이 반사되는 방향이 크게 달라지면 같은 색의 실이라도 다른 색으로 보일 수도 있다.

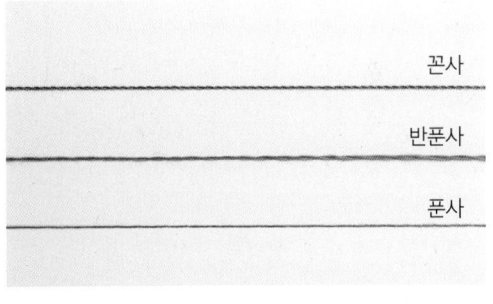

일반적으로 많이 사용되는 명주실은 굵기가 0.5~0.8mm 정도로, 1mm가 채 안 되는 가는 실이다. 물론 더 가는 것도 있고, 두세 배 굵은 것도 있지만 시중에서 판매하는 종류의 범위가 좁다. 그래서 사용자가 정확히 원하는 색상과 굵기의 실을 구할 수 없을 때에는 직접 만들어 사용하는 경우도 많다. 실의 굵기와 꼬임에 대한 상세한 설명과 실을 꼬아 만드는 방법은 기초 자수 기법 마지막 장에 따로 소개하기로 하고, 여기에서는 먼저 명주실의 종류와 특징에 대해서 간단히 설명한다.

명주실의 종류에는 두 갈래의 실을 꼬아 한 가닥으로 만든 꼰사와 반푼사(또는 반꼰사), 그리고 꼬임 없이 한 올로 이루어진 푼사가 있다. 꼰사는 꼬인 정도가 촘촘하고, 반푼사는 느슨하다.

① **꼰사**: 두 올 이상의 실을 여러 횟수 꼬아 만든 실로 꽈배기처럼 꼬인 모양이 마디마디에 분명히 나타난다. 꼰사로 수를 놓으면 실이 꼬여 있는 질감이 잘 드러나고 수를 놓는 방향에 따라 그 질감에 차이가 나기도 한다.

② **반푼사(반꼰사)**: 꼰사와 마찬가지로 두 갈래가 합쳐져 한 가닥이 되었지만, 실이 꼬인 정도가 꼰사보다 반쯤 풀려 있는 듯한 모습이다. 반푼사로 수를 놓으면 꼬인 질감은 크게 느껴지지 않고, 매끈한 느낌을 주어 꼰사에 비해 부드러운 표현을 할 수 있다.

③ **푼사**: 꼬임이 없는 낱개의 가닥으로 이루어진 실이기 때문에 꼰사나 반푼사에 비해 굵기가 가늘고 매끄럽다. 그래서 매우 섬세한 표현을 할 수 있다.

요즘은 기계로 만든 꼰사를 구매해 사용할 수 있지만, 기계가 발달되기 이전에는 사람의 손으로 직접 꼬아 쓰는 것이 당연했다. 시간과 노동력을 더 들여 만든 꼰사는 다른 실에 비해 귀한 재료였고, 그렇기 때문에 옛날에는 왕실과 일부 고위 계층에서만 주로 사용할 수 있었다. 상대적으로 민간에서는 반푼사나 푼사를 많이 사용했다. 현재 전해지는 자수 유물을 살펴보면 궁중 유물에서는 꼰사의 쓰임을, 민간 유물에서는 반푼사의 쓰임을 찾아볼 수 있다. 정형화된 도안에 정제된 기법으로 놓은 궁중자수와 자유로운 형식에 개성 강한 표현을 하는 민간자수, 모두 각각의 아름다움과 멋을 보여준다.

그중에서 궁중자수의 주재료인 꼰사의 사용은 우리나라 전통자수의 대표적인 특징이다. 실의 질감이 뚜렷한 꼰사로 수를 놓으면 기법의 특징도 더욱 도드라져 보인다. 이것은 주변국인 중국이나 일본에서 반푼사나 푼사를 주로 사용하는 것과 크게 비교된다. 전통적인 중국자수와 일본자수는 부드러운 실로 그림같이 섬세한 수를 표현하는 경우가 많

금은사

꼰사

반푼사

은 반면, 한국자수는 실의 결을 살려 다양한 기법을 활용하는 경우가 많다.

명주실을 구입할 수 있는 곳이 많지는 않다. 서울 종로5가 근처의 자수용품점을 찾아도 되고, 그 밖에 인터넷으로 전통자수 실 판매점을 찾을 수도 있다. 하지만 명주실에는 종류나 색상에 따라 정해진 번호 체계가 거의 없기 때문에 실을 구매할 때에는 직접 눈으로 실의 굵기, 꼬임 정도, 색을 확인할 필요가 있다.

3. 금사, 은사

가느다란 실에 폭이 좁은 금·은박 종이를 돌돌 감아 만든 특수한 실이다. 다양한 굵기와 색상이 있다. 주로 '징금수' 기법에 사용되기 때문에 기초 자수 기법의 '징금수(110쪽)'에 더 자세히 설명해 두었다.

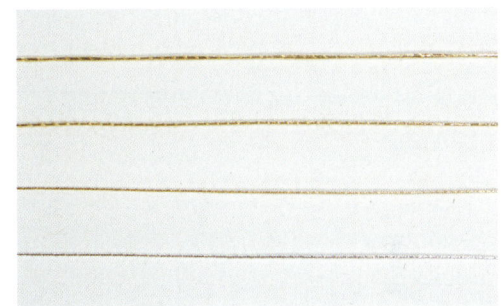

4. 굵은 면사

흔히 '이불실'이라고 불리는 굵은 실이다. 수에 입체감을 주기 위해 놓는 '속수(127쪽)' 기법에 많이 사용된다.

굵은 면사

재봉사   견봉사

5. 재봉사

바느질할 때 사용하는 실로 바탕천과 힘받이천을 이어 붙일 때 사용하기도 하고, 수가 놓인 원단으로 소품을 만들 때에도 사용한다. 면사, 견사, 합성사 등 다양한 종류의 실이 있는데, 필요에 따라 적절한 실을 골라 쓴다.

6. 바탕천

예로부터 수를 놓는 바탕천으로 단(緞,비단)이나 주(紬,명주) 등 견(絹)직물이 많이 사용되었고, 그 밖에 마(麻)직물이나 면(綿)직물, 모(毛)직물도 사용되었다. 명주실(견사)과 견직물은 비슷한 성질을 가지고 있기 때문에 함께 어울려 사용하기 좋다.

요즘도 전통자수를 놓을 때 견직물이 많이 쓰이고는 있지만, 수를 놓기에 적절하다면 어떤 원단을 사용해도 괜찮다. 원단 조직이 너무 성근 것보다 촘촘한 것이 다루기 편하고, 두께가 너무 얇거나 너무 두꺼운 것, 스판덱스(spandex) 원단처럼 잘 늘어나는 것은 피하는 것이 좋다. 바탕천은 주로 서울 종로5가나 동대문의 원단상가에서 구매하는데, 특히 견직물은 한복 원단을 취급하는 곳에서 찾을 수 있다.

일반적으로 전통자수에 많이 사용되는 몇 가지 견직물을 알아보자.

① 공단(貢緞): 예부터 지금까지 자수용 바탕천으로 많이 쓰이는 원단으로, 아무런 무늬 없이 은은한 광택이 도는 비단이다. 견직물 중에서도 조직도가 높고 도톰한 편이어서 수를 놓기에 편하다. 수를 처음 시작하는 사람들이 사용하기에 좋다. 매끄럽게 광택이 나는 면이 앞면이다.

② 모본단(模本緞): 공단과 같은 기본 바탕에 여러 가지 무늬를 넣어 직조된 비단의 일종으로 주로 모란 등의 꽃문양이 듬성듬성 놓여 있다. 무늬를 만든 부분의 원단 조직은 무늬가 없는 곳보다 성글어서 수를 놓을 때 바늘땀을 조정하는 데 조금 더 신경을 써야 할 수도 있다. 보통 무늬가 있는 부분보다 무늬가 없는 부분의 광택이 더 매끄럽게 빛나는 면이 앞면이다.

③ 운문단(雲紋緞)/도류불수문단(桃榴佛手紋緞)/국화문단 (菊花紋緞): 비단에 각각 구름, 복숭아·석류·불수 감, 국화 문양이 들어간 원단이다. 이 밖에 다른 문 양도 보통 문양의 이름을 붙여서 '○○문단'이라고 부른다. 역시 무늬가 없는 부분이 더 매끄러워 보이 는 면이 앞면이다.

④ 양단(洋緞): 금·은색 실이나 다양한 색의 실을 사용 하여 문양을 새긴 도톰한 비단을 일컫기도 하고, 작고 연속적인 무늬가 원단 전면에 직조되어 있는 도톰한 비단을 가리키기도 한다. 무늬가 촘촘하면 앞뒷면이 비슷해 보일 수도 있지만, 다른 비단과 마찬가지로 무늬 없는 부분이 더 매끄럽게 빛나는 쪽이 앞면이다.

⑤ 명주(明紬): 비단에 비하여 조직이 성글고 광택이 적 은 견직물이다. 조직의 밀도나 두께, 촉감이 다양하 고 앞뒷면의 구분 없이 사용할 수 있다.

7. 힘받이천(광목)

힘받이천이란 바탕천 둘레에 덧대어 바탕천을 수틀에 튼튼하게 맬 수 있도록 도와주는 천이다. 바탕천이 얇 거나 성글어서 힘껏 잡아당기기 어려울 때 사용한다. 또는 작품에 필요한 바탕천의 크기보다 가지고 있는

수틀의 크기가 커서 공간이 남을 때 광목을 덧대어 빈 공간을 메우는 용도로 사용할 수도 있다. 그렇기 때문에 힘받이천으로는 튼튼하고 구하기 쉬운 직물을 사용하면 되고, 보통 도톰한 광목을 사용한다. 광목은 앞뒷면의 구분이 없다.

8. 수틀

나무로 만든 사각형의 수틀을 주로 사용한다. 수틀에 목공용 풀과 압정 등을 이용하여 바탕천을 팽팽하게 고정시킨다. 비단처럼 구겨지지 않도록 주의해야 할 원단을 사용할 때나, 작업 기간이 긴 작품이나 규모가 큰 작품을 수놓는 경우에는 바탕천을 팽팽한 상태로 오랫동안 유지해야 하기 때문이다. 서양식 자수에서 흔히 사용하는 동그란 수틀은 원단에 구김이 가고, 천이 미끄러져 나올 염려가 있어서 잘 사용하지 않는다. 하지만 마찰력이 높은 면직물을 사용하거나 짧은 시간 안에 끝나는 작은 크기의 수를 놓을 때에는 물론 사용할 수도 있다.

수틀은 수예점이나 목공소보다는 화방에서 구하는 것이 편하다. 큰 문구점이나 화방에서는 캔버스 천을 씌우지 않은 상태의 캔버스 틀을 파는데, 수틀로 사용하기에 적합하다. 캔버스 틀은 정해진 규격에 따라 몇 가지 모양과 크기가 있으므로 작품의 형태에 맞춰 선택하면 된다. 다만 일반적으로 10호(외경 기준 한 면이 53cm인 사각형) 이상의 캔버스 틀에는 중앙을 가로지르는 지지대가 있으므로 큰 수틀이 필요할 때에는 지지대를 없애도록 주문 제작한다.

9. 목공용 풀

수틀에 천을 붙일 때 사용한다. 문구점에서 쉽게 구할 수 있는 목공용 풀이면 된다.

10. 압정

수틀에 천을 당겨 고정시킬 때 사용하는 것으로 역시 문구점에서 쉽게 구할 수 있다.

11. 원단 가위

원단을 자르는 용도로 제작된 가위이다. 원단용 가위가 없다면 가지고 있는 어떤 가위든 날이 잘 드는 것을 사용하면 된다. 원단용 가위를 쓸 때에는 종이나 단단한 것을 자르는 일반 가위와는 구분해서 사용하여 가윗날의 손상을 막는 것이 좋다.

12. 실 가위

실을 자를 때나 놓았던 수를 뜯는 등 섬세한 작업을 할 때 사용하는 작은 가위이다. 비교적 쉽게 구할 수 있는 쪽가위를 사용해도 되고, 작은 일반 가위를 사용해도 된다. 어떤 가위든 이왕이면 가윗날의 끝이 너무 날카로운 것보다는 살짝 뭉뚝한 것을 추천한다. 끝이 너무 날카로우면 가위를 사용하는 중 자칫 잘못하여 근처의 다른 실이나 원단을 손상시킬 염려가 있기 때문이다.

13. 실뜯개

실을 뜯어내는 데 사용하는 도구로, U자 형태로 패인 날을 가지고 있다.

실뜯개

원단 가위

실 가위

바늘방석

시침핀

14. 시침핀

임시로 원단을 고정할 때 사용한다. 원단에 구멍이 생기거나 올이 나가지 않도록 굵기가 가는 것을 사용하는 것이 좋다.

15. 바늘방석

바늘이나 시침핀을 꽂아 사용하는 것으로 바늘꽂이, 핀쿠션이라고도 한다. 수예점이나 문구점에서 구매하거나 직접 만들어 사용할 수 있다.

16. 도안

종이에 인쇄되거나 손으로 그린 도안이다. 수의 밑그림이 되기 때문에 명확한 선으로 그려진 것이 좋다. 도안을 바탕천에 옮겨 그릴 때 도안 종이 위를 펜으로 눌러 그리기 때문에 한 장의 도안을 여러 번 사용하기 어렵다. 따라서 항상 복사본을 미리 만들어 놓는 것이 좋다.

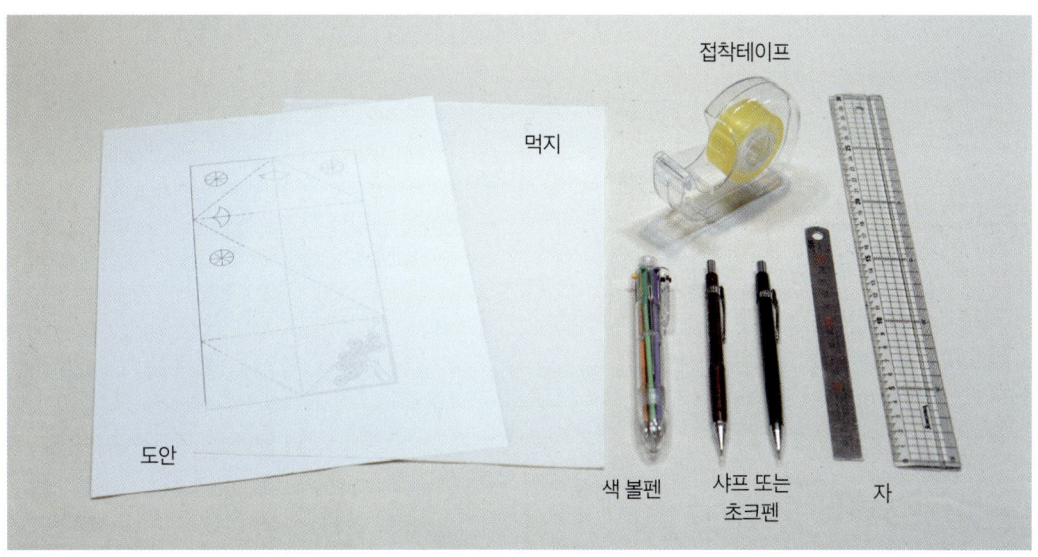

접착테이프

먹지

도안

색 볼펜

샤프 또는
초크펜

자

17. 먹지

도안을 바탕천에 옮길 때 사용하는데, 주로 먹지의 한쪽 면에만 초크가 묻어 있는 것을 쓴다. 먹지는 검은색 외에도 흰색, 하늘색, 분홍색 등 색상이 다양하므로 바탕천에 따라 적절한 색을 골라서 사용할 수 있다. 하지만 색이 있는 먹지를 사용하면 원단에 잘 지워지지 않는 얼룩이 생길 수 있기 때문에 주로 흰색을 사용한다. 조직이 촘촘한 원단이라면 흰색이나 밝은색 원단에 흰색 먹지를 사용해도 도안선이 잘 보인다.

18. 접착 테이프

도안 종이를 바탕천 위에 고정시키는 데 사용한다. 접착력이 너무 강하지 않은 셀로판 테이프나 종이 테이프를 사용하면 된다. 테이프 대신 시침핀을 이용할 수도 있다.

19. 색 볼펜

도안을 원단에 옮길 때 사용하는 펜은 펜촉이 너무 뭉뚝하지 않아야 명확한 도안선을 그릴 수 있다. 그리고 도안이 인쇄된 색(보통 검은색)과는 다른 색의 펜을 사용해야 중간에 어디까지 그렸는지, 빠진 곳은 없는지 확인하기에 편하다.

20. 샤프 또는 초크펜

수를 놓는 중에도 바탕천의 도안선이 불분명하거나 수정이 필요한 경우에는 샤프나 초크펜, 또는 끝이 뾰족한 색연필 등으로 정확한 선을 그려준다. 수의 결 방향을 도안에 표시할 때에도 사용한다.

21. 자

도안을 그릴 때나 수를 놓을 때, 소품을 만들 때 정확한 선을 긋거나 길이를 재는 데 필요하다.

22. 평평하고 두꺼운 책

바탕천을 수틀에 매고 나면 원단이 수틀의 두께만큼 바닥에서 떠 있게 된다. 그러므로 도안을 옮겨 그릴 바탕천 아래의 빈 공간을 받쳐줄 만한 두께의 책과 같은 물건이 필요하다. 이때 책의 표면이 평평해야 도안선을 정확히 그릴 수 있다.

23. 무거운 책

수를 놓을 때에는 양손을 모두 사용하기 때문에 수틀은 손으로 잡지 않아도 안정적으로 놓여 있어야 한다. 책상 위에 걸쳐 놓은 수틀의 끝에 무게가 있는 깨끗한 책 등을 얹어 놓는다. 수틀 받침대(수틀 다리)를 사용하는 경우에는 필요하지 않다.

24. 수틀다리

수틀을 받쳐 놓고 수를 놓을 수 있도록 만든 받침대이다. 수틀의 양쪽 끝을 받쳐주는 한 쌍의 나무 기둥 모양도 있고, 가운데가 뚫려 있는 탁자 형태도 있다. 수틀을 올려놓는 면을 경사지게 만든 것이나, 기울기를 조절할 수 있는 것 등 완제품을 구매할 수도 있고, 원하는 크기와 모양으로 주문 제작할 수도 있다. 하지만 수틀다리 없이 어디에서든 책상이나 탁자에 놓고 작업할 수 있기 때문에 꼭 구비해야 하는 것은 아니다.

25. 밀가루 풀

수의 뒷면을 깔끔하게 정리하는 마무리 단계에서 사용한다. 시중에 판매되는 일반 밀가루를 물에 잘 갠 후 끓여서 만든다. 화방에서 구할 수 있는 배접용 풀처럼 밀가루 풀과 비슷한 시제품을 사용할 수도 있다.

26. 냄비와 버너 또는 전기주전자

밀가루 풀을 쑬 때와 물을 끓여 증기를 만들 때 필요하다. 완성된 수 뒷면에 밀가루 풀을 바르고 난 후 끓는 물의 증기를 쏘인다.

27. 숟가락 또는 장도리(압정 뽑는 도구)

바탕천을 수틀에서 떼는 과정에서 수틀에 박힌 압정을 뽑을 때 필요한 도구이다. 장도리와 같은 도구가 없어도 쇠숟가락을 지렛대처럼 이용하여 압정을 뺄 수 있다.

수
놓
기
전
준
비
하
기

수를 놓기 위해서는 먼저 수틀에 바탕천을 튼튼히 고정시키고, 그 위에 도안을 옮겨 그리는 과정이 필요
합니다. 그리고 자수실을 사용하기 좋게 정리하고 잘 보관할 줄도 알아야 합니다. 이러한 준비 작업은 결
국 수를 잘 놓기 위한 일이기 때문에 만약 나에게 맞는 더 편리한 도구나 방법이 있다면 그것을 사용해도
좋습니다. 이 책에서는 비교적 주변에서 구하기 쉬운 재료와 도구를 이용하여 작업하는 방식을 소개하겠
습니다.

1. 수틀 매기

1. 바탕천에 힘받이천 덧대기

힘받이천으로는 보통 20~30수(20수 광목이 30수 광목보다 두껍다) 정도의 도톰한 광목을 사용한다. 바탕천
이 질기고 튼튼하거나 여분이 충분한 경우에는 굳이 힘받이천을 두르지 않고 바로 수틀에 맬 수도 있다.

그러나 다음과 같은 경우에는 힘받이천을 덧대는 것이 좋다. 필요에 따라 어느 한 면이나 두 면, 또는 사방에 두른다.

- 바탕천이 얇거나 올이 성글어서 힘을 받기 어렵거나 압정으로 고정시키기 어려운 경우
- 가지고 있는 수틀 크기에 비해 사용할 바탕천의 크기가 작은 경우

1) 원단 재단하기

작품과 수틀의 크기에 맞게 바탕천과 광목을 재단한다. 이때 바탕천은 수틀에 붙일 분량을 고려하여 여유 있게 준비한다. 원단에는 비단처럼 식서 방향(원단의 길이 방향, 가장자리에 올이 풀리지 않도록 처리된 면의 길이 방향)과 반식서 방향(원단의 폭 방향)이 구분되는 것도 있고, 명주나 광목처럼 차이가 거의 없는 것도 있다. 식서가 구분되는 원단을 사용하는 경우에는 식서 방향과 도안의 정면이 일치하도록 두는 것이 일반적이다.

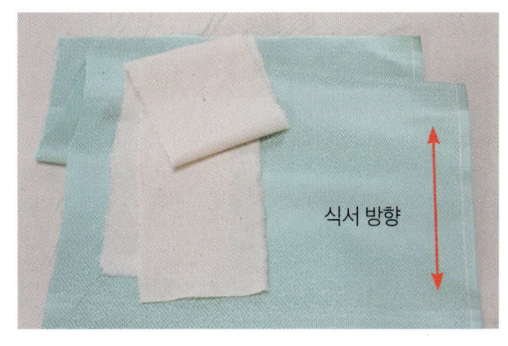

식서 방향

* 원단의 식서 방향 양끝에 올이 풀리지 않도록 마감된 부분은 다른 원단 부분보다 굵고 튼튼한 실로 짜여 있다. 나중에 바탕천을 수틀에 매기 위해 원단을 팽팽하게 당겨야 하는데, 마감 처리가 된 부분은 다른 부분보다 덜 당겨진다. 그래서 사용하는 바탕천에 이런 마감 부분이 있다면 마감선을 따라 4~5cm 정도의 간격으로 가윗밥을 내주는 것이 좋다. 그래야 원단을 전체적으로 고르게 당길 수 있다.

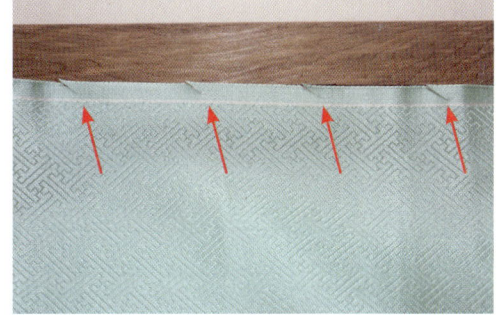

2) 바느질선 표시하기

힘받이천을 덧댈 쪽의 바탕천 앞면 가장자리에 1~1.5cm 정도의 간격을 두고 초크나 펜으로 직선을 긋는다.

바탕천 앞면

3) 시침핀으로 고정하기

바느질선이 표시된 바탕천을 앞에, 힘받이천을 뒤에 두고 원단의 가장자리에 맞추어 겹쳐 놓는다. 두 겹의 원단이 움직이지 않도록 중간중간 시침핀을 꽂아 고정시킨다.

바탕천 앞면

4) 박음질하기

바느질선을 따라 일반 재봉실로 두 겹의 원단을 동시에 박음질 또는 반박음질을 한다. 나중에 수틀을 맬 때 원단을 세게 잡아당겨야 하기 때문에 바늘땀 길이를 2~3mm 정도로 촘촘히 바느질한다. 손바느질 대신 재봉틀을 사용해도 된다.

5) 홈질하기

바탕천과 힘받이천을 한 면으로 펴고, 시접(바느질선에서 원단 가장자리까지의 짧은 여분)을 힘받이천 쪽으로 접어 넘긴 후 큰 땀의 홈질로 고정시킨다. 이러한 방식으로 나머지 필요한 면도 바탕천과 힘받이천을 연결시킨다.

시접을 앞에 두면 나중에 수를 놓는 동안 뒷면을 깔끔하게 유지하는 데 도움이 된다. 올이 잘 풀리

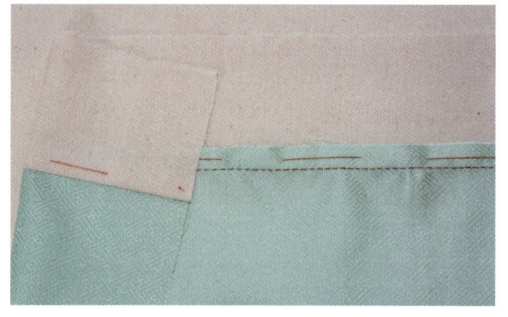

는 시접이 원단 뒷면에 있으면 바느질할 때 눈에 보이지 않는 뒷면에서 자수실과 원단의 올이 엉킬 위험이 있다. 따라서 문제가 될 수 있는 부분은 눈에 보이는 앞면에 두는 편이 좋다.

수틀 매기에 사용한 기본 바느질법

1. **홈질**: 원하는 바늘땀 길이만큼 바늘을 원단의 위아래로 번갈아 찔러 꿰맨다.

2. **온박음질**: 한 땀의 길이만큼 앞으로 나간 자리에서 바늘을 올리고, 뒤로 되돌아간 자리에서 바늘을 찔러 한 땀을 놓는 방식이다. 손바느질 기법 중 가장 튼튼한 방법이다.

3. **반박음질**: 박음질과 동일한 방식으로 하되, 한 땀 길이만큼 앞으로 나와서 반 땀 길이만 되돌아온다. 온박음질만큼 튼튼한 바느질법이다.

4. **공그르기**: 두 원단의 시접선을 맞대어 놓고 양쪽을 번갈아 찔러 꿰맨다. 바늘땀이 보이지 않도록 두 원단을 연결하는 방법이다. 주머니나 보자기, 바늘방석 같은 소품을 만들 때 자주 사용한다.

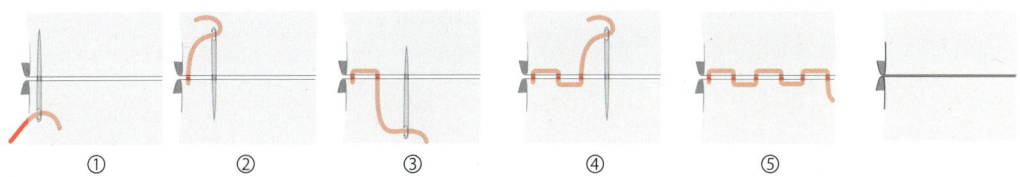

2. 수틀에 바탕천 붙이기

1) 수틀에 선 긋기

자와 펜을 이용하여 두 면(ㄴ자)의 안쪽 가장자리를 따라 1.5cm 정도의 간격을 두고 직선을 그린다. 풀을 바를 공간을 표시해두는 것이다. 필요에 따라 수틀의 바깥 테두리 쪽이나 측면에 풀을 붙일 수도 있다.

2) 풀 바르기

먼저 한쪽 면에만 목공용 풀을 바른다. 풀의 양이 너무 많으면 풀이 원단을 얼룩지게 할 수 있고, 너무 적으면 접착력이 약해서 나중에 원단이 떨어질 수 있으니 적당한 양을 고르게 펴 바르는 것이 좋다.

3) 바탕천 붙이기

ㄴ자 모양 모서리에 원단의 모서리를 맞추어 놓고 한 개나 두 개의 압정으로 고정시킨다. 그다음 압정을 박은 곳부터 풀을 바른 면을 따라 원단을 최대한 힘껏 당기며 붙인다. 원단의 가장자리를 표시된 선에 맞추어 꾹꾹 눌러 붙이고, 반대쪽 모서리까지 모두 붙인 후에 역시 압정으로 고정하여 원단이 움직이지 않게 한다.

바탕천 앞면

4) 풀이 마를 때까지 기다리기

나머지 한쪽 면도 3)과 같은 방법으로 원단을 붙인 다음 풀이 모두 마를 때까지 그대로 둔다. 바른 풀의 양에 따라 마르는 데 걸리는 시간이 다르지만, 최소 5분 이상 기다린 후에 천을 당겨본다. 아주 세게 당겨도 원단이 미끄러지지 않으면 다음 단계로 넘어간다.

5) 압정으로 고정하기

풀을 바르지 않은 나머지 ㄱ자 부분은 압정만을 이용해 원단을 고정시킨다. 제일 먼저 ㄱ자의 모서리 쪽으로 원단을 힘껏 당겨 압정을 꽂는다. 그 다음 풀을 먼저 바른 면과 마주 보는 면부터 압정으로 고정시키는데, 바탕천의 결이 틀어지지 않도록 전체적으로 고르게 당기기 위해서 다음 사진과 같은 순서로 압정을 꽂는다. 만일 어느 한쪽부터

차곡차곡 압정을 박는다면 바탕천의 결이 어느 한쪽으로 틀어지기 쉽다.

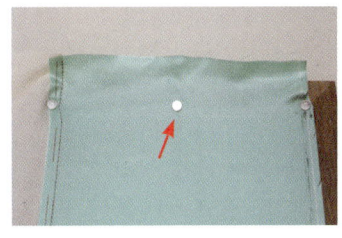 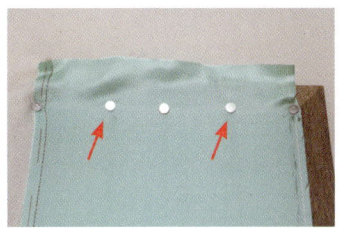 

남은 쪽도 같은 방법으로 바탕천을 팽팽하게 당겨 고정시킨다. 수틀에 팽팽히 잘 매어진 바탕천은 손으로 두드렸을 때 북을 치는 듯한 소리가 난다.

6) 가장자리 마감하기

원단의 가장자리에 풀린 올이 있다면 깔끔하게 잘라준다. 그리고 압정이 많이 꽂힌 부분은 나중에 수를 놓을 때 실이 압정 사이에 걸려 불편할 수도 있으므로 남은 원단으로 덮어 정리하거나 종이 테이프 등으로 감싸주면 좋다.

7) 보관하기

대부분의 원단은 장마철같이 고온다습한 환경에서 늘어지기 쉽고, 직사광선을 오래 쏘이면 색이 변할 수도 있다. 그러므로 평소에 보관할 때에도 주의해야 한다. 한 번 수틀에 맨 후 도안이나 자수 작업을 시작한 원단을 떼어서 다시 매는 일은 하지 않는 것이 좋다. 수틀에 다시 맬 때 팽팽히 당겨진 원단 위에 바르게 그려둔 그림이 비뚤어질 수 있기 때문이다. 따라서 처음 수틀을 맬 때 신경 써서 단단히 매어야 한다.

2. 도안 옮기기

① 수틀에 매어 있는 바탕천은 바닥으로부터 수틀의 두께만큼 공중에 떠 있기 때문에 그 빈 공간을 받쳐
   줄 수 있는 두께의 평평한 책을 아래에 놓는다.

② 바탕천 위에 도안을 올려 위치를 잡고 테이프
   나 시침핀으로 먼저 한쪽 면을 고정시킨다.

③ 초크가 묻어 있는 부분이 바탕천과 마주하도록
   도안과 바탕천 사이에 먹지를 끼워 놓는다. 그
   다음 도안이 움직이지 않도록 나머지 다른 면
   도 테이프로 고정시킨다.

식서 방향

④ 색 볼펜으로 도안선을 따라 그린다. 먹지의 초크가 바탕천에 선명하게 묻어나도록 손에 힘을 주고 눌
   러 그려야 한다. 어느 정도 힘을 주어야 할지 알기 위해 처음에 선 하나를 그려보고 나서 종이와 먹지를
   살짝 들어 확인해보는 것이 좋다.
   비단처럼 광택을 가진 직물은 보는 방향, 빛이 반사되는 각도에 따라 조금씩 색상이 달라 보이는데, 그
   위에 그려진 도안선도 마찬가지다. 어느 방향에서는 선이 흐릿한 것 같지만 다른 방향에서는 아주 잘
   보일 수도 있으니 여러 방향에서 확인해본다.

⑤ 도안을 다 그린 후 빠진 곳은 없는지 살펴본 다
   음 도안과 먹지를 떼어낸다.

3. 실과 바늘 다루기

1. 실 정리하기

전통자수용 명주실을 판매하는 곳에서는 대부분 실이 타래로 감겨 있거나 긴 묶음으로 되어 있다. 그렇기 때문에 구매한 실은 수놓기에 적당한 길이로 잘라서 정리하는 작업이 필요하다. 한 번 바늘에 꿰어 바느질하기 편한 길이는 보통 50~60cm 정도면 적당하다. 쓸 만한 길이로 자른 실을 다음과 같은 방식으로 정리해 놓으면 보관하기에도 편하고, 실을 뽑아 쓰기에도 좋다.

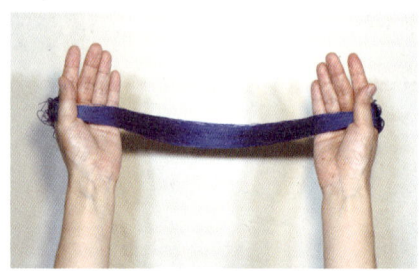

① 실을 가지런히 정리한 후 양손으로 각각 실의 양 끝부분을 쥔다.

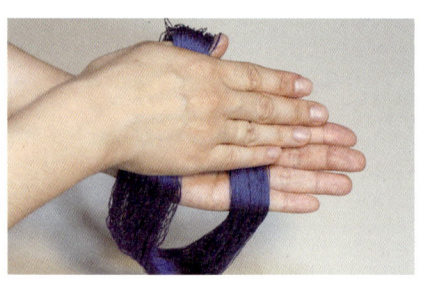

② 실을 반으로 접어 양쪽 끝을 모두 한 손바닥 위에 올린다. 이때 두 개가 하나로 합쳐지지 않도록 둘 사이에 간격을 둔다.

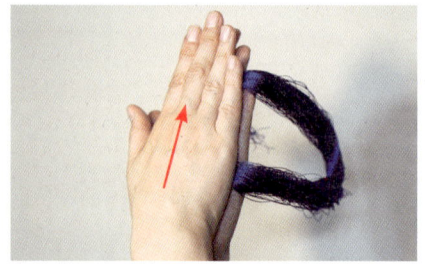

③ 실을 올려놓은 손 위에 다른 한 손을 완전히 포개어 누르고, 그 상태로 위에 포갠 손을 앞쪽으로든 뒤쪽으로든 어느 한 방향으로 밀어서 실이 돌아가게 만든다. 이때에도 두 갈래의 실이 한 데 뭉치지 않고 각각 돌아가도록 둘 사이의 간격을 유지해야 한다.

④ 손을 최대한 민 다음 실의 꼬임이 풀어지지 않도록 주
　의하며 양손으로 또다시 양끝을 잡아 쥔다.

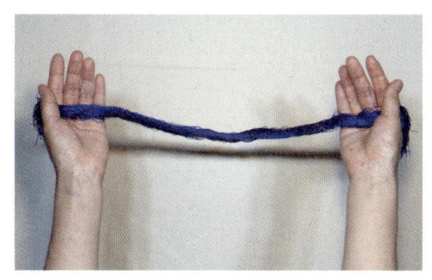

⑤ 다시 실을 반으로 접고 앞에 했던 것과 방향과 같은 방
　향으로 밀어서 꼬는 일을 반복한다. 실의 양이 많을수
　록, 실의 길이가 길수록 반복하는 횟수를 늘려주는데,
　보통 2~4회 정도 하고 필요 시 횟수를 추가한다.

⑥ 여러 번 꼬인 실의 양쪽 끝을 양손으로 잡아 팽팽히 한
　다음 반으로 접으면 자연스럽게 두 갈래가 꽈배기 같
　은 모양으로 합쳐진다.

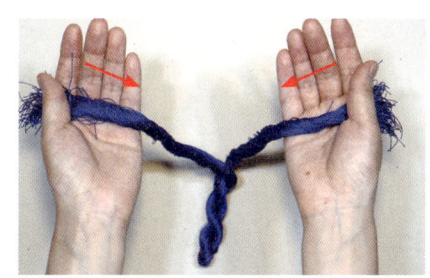

⑦ 실의 끝부분을 면사 등의 실로 묶어
　마무리한다. 비슷한 계열의 색이나
　어울려 사용하는 실을 함께 묶어 정
　리해도 좋다.

2. 실 뽑아 쓰기

① 한 손으로는 실 묶음을 가볍게 쥐고 다른 한 손으로는 실 한 가닥을 고른다.

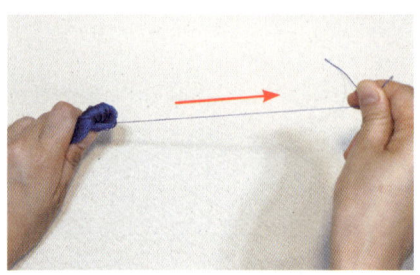

② 먼저 실의 어느 한쪽 끝만 잡아당긴다.

③ 나머지 다른 한쪽 끝까지 잡아당겨 뽑는다. 실을 뽑을 때 한 쪽씩 나눠 뽑지 않고 동시에 잡아당기면 정리해둔 실이 흐트러지기 때문에 한 쪽씩 나눠 당기기를 추천한다.

3. 바늘에 실 꿰기

① 실 끝을 손가락으로 돌돌 말거나 침을 살짝 묻혀서 뾰족하게 만든다. 꼰사나 반푼사처럼 두 가닥 이상으로 이루어진 실의 경우, 끝이 갈라지지 않도록 한다.

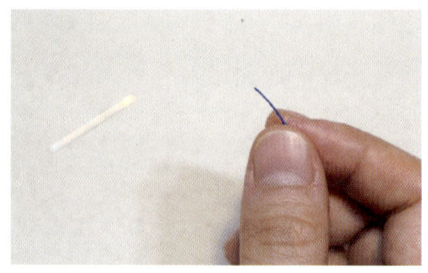

② 실 끝을 엄지와 검지 사이에 아주 짧게 잡고 바늘구멍에 넣는다. 실을 바늘구멍에 넣는다기보다 실 끝
에 바늘구멍을 씌운다는 느낌으로 하면 좀 더 쉽게 실을 꿸 수 있다.

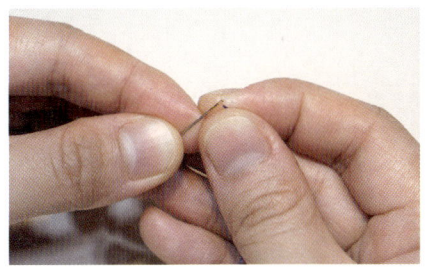 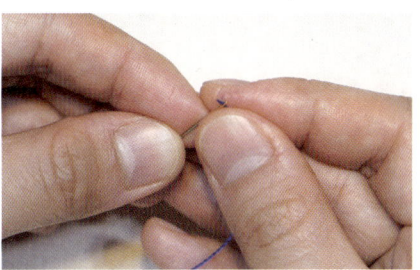

③ 바늘에 꿴 실의 한쪽 끝을 다른 쪽보다 길게 둔다. 전통자수에서는 보통 실 한 가닥으로 수를 놓기 때문
에 매듭은 실을 길게 둔 한쪽 끝에만 만든다.

④ 긴 쪽의 실 끝을 잡아 바늘 중간에 아주 짧게 X자로 교
차시키고, 바늘을 잡고 있는 손의 엄지와 검지로 교차
점을 잡아준다.

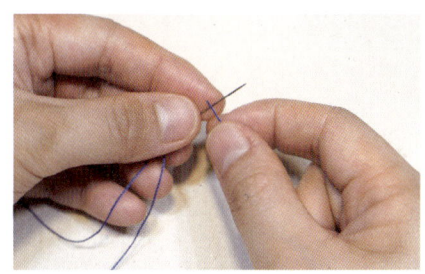

⑤ 교차점을 잘 잡아 실 끝을 고정시킨 채 실을 바늘에 2~3회 감는다. 그다음 교차점을 쥐고 있던 엄지와
검지로 바늘에 감긴 실을 마저 모두 잡는다.

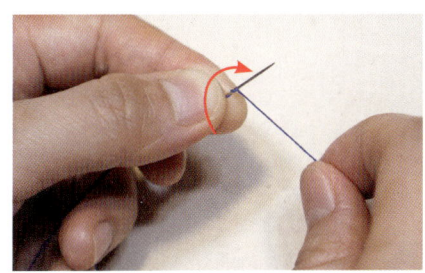 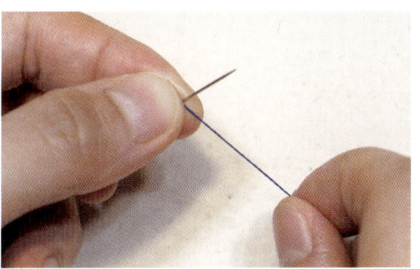

⑥ 감긴 실이 풀어지지 않도록 잘 잡은 상태에서 다른 한 손으로 바늘을 잡아 뺀다. 바늘을 빼는 손은 바늘뿐만 아니라 바늘 근처의 실까지 잡아주어야 실이 바늘구멍에서 빠져나가지 않는다.

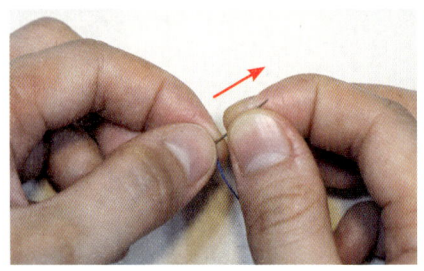 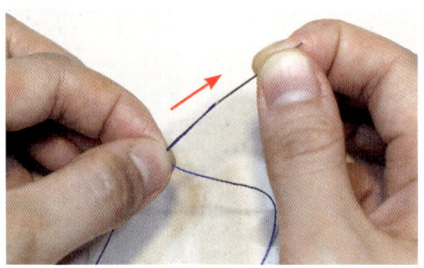

⑦ 실을 끝까지 잡아 빼면 마지막에 감긴 실을 잡고 있던 손가락 사이에 매듭이 걸리는 것을 느낄 수 있다. 매듭의 꼬리는 2~3mm 정도로 짧게 만드는 것이 좋다. 꼬리가 너무 길면 수를 놓을 때 다른 실에 걸리거나 엉켜서 수의 뒷면이 지저분해질 수 있기 때문이다. 실과 바늘을 X자로 교차시키는 시작 단계에서 X의 크기가 작을수록 매듭의 꼬리가 짧게 만들어진다. 꼬리가 길게 만들어졌을 때에는 실 가위로 꼬리를 적당히 짧게 잘라준다.

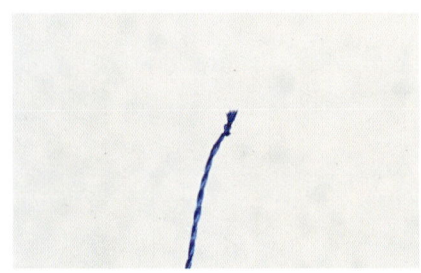

4. 수놓는 기본 자세 익히기

일반적으로 손바느질을 할 때 한 손은 바늘을 잡고, 다른 한 손은 천을 잡아주는 등의 보조 역할만 하는 것과 달리 전통자수를 놓을 때에는 양손을 모두 사용하여 바늘을 움직인다. 따라서 수틀은 손으로 붙잡지 않아도 안정감 있게 놓여 있어야 한다. 수틀을 받쳐 놓는 수틀다리를 사용하기도 하지만 이 책에서는 집이나 어디에서든 편히 작업할 수 있도록 책상에 수틀을 걸쳐 놓고 수놓는 방법에 대해 설명한다.

① 책상 안쪽의 수틀 위에 무게가 있는 책 등을 올려서 수틀이 쉽게 움직이지 않도록 고정한다. 수놓는 위치에 따라 편한 방향으로 수틀을 돌려가며 작업한다.

② 수틀을 놓는 책상과 내가 앉는 의자의 높이가 수틀 놓기에 적당한지 확인한다. 책상이 낮고 의자가 높은 경우 목과 허리, 등을 많이 구부리게 되고, 반대로 책상이 높고 의자가 낮으면 허리와 목을 덜 숙이는 대신 어깨와 팔을 높이 들어 올리게 된다. 수를 놓을 때 자세가 구부정해지는 것은 어쩔 수 없지만 최대한 몸에 무리가 덜 가도록 본인에게 편한 자세를 잡는다. 책상과 의자의 높이를 맞출 때는 방석을 사용하면 좋다.

③ 수를 놓을 때에는 양손을 모두 사용하는데, 주로 한 손은 수틀 위에서, 다른 한 손은 수틀 아래에서 움직인다. 바탕천 위에서 바늘을 잡아 올리고 땀을 놓는 일은 위에 있는 손이 하고, 바탕천 아래에서의 일은 아래에 있는 손이 하는 것이다. 왼손과 오른손 중 어느 손을 위로 두고 아래로 둘지는 다음 장의 기초 자수 기법을 연습하면서 본인에게 편한 쪽으로 정하면 된다.

3

기초 자수 기법

가장 기본이 되고 작품에 많이 활용할 수 있는 스물다섯 가지 기법과 실을 꼬아 쓰는 법을 소개합니다. 각 기법의 특징과 방법, 쓰임새에 대해 설명하고, 응용할 수 있는 방법과 비슷한 기법과의 비교도 정리했습니다. 나아가 수를 놓으면서 자연스레 얻게 된 요령이나 주의할 점도 공유합니다.

책에 설명된 모든 내용은 필요에 따라서 처음부터 순서대로 볼 수도 있고, 필요한 부분을 먼저 찾아볼 수도 있습니다. 수놓기를 이제 막 시작하는 분이라면 첫 단계부터 차근차근 보면서 기본을 익히되, 너무 자세한 내용은 어느 정도 연습이 된 후에 다시 보는 것을 추천합니다. 실제로 수를 놓아 보아야 알 수 있는 부분이 있고, 또 사람마다 수에 대한 취향이나 관점이 다를 수도 있기 때문입니다.

여러 가지 기법을 연습하다 보면 선호하는 기법을 발견할 수도 있고, 여기에 설명되지 않은 나만의 방법을 찾을 수도 있습니다. 모든 기법은 처음부터 반드시 그렇게 하도록 만들어진 법이 아니라 앞서 살았던 사람들 각자가 자유롭게 놓던 방식들이 쌓이고 쌓여 정리된 것입니다. 그러니 항상 열린 마음과 눈을 가지고 본인에게 맞는 방식으로, 본인이 만족하는 수를 놓아보길 바랍니다.

처음 수를 놓을 때 신경 쓰면 좋을 몇 가지

1. **충분한 공간 확보** 바늘을 올려 뺄 때 팔은 자연스럽게 공중에서 포물선을 그리며 움직이게 되는데, 가까이에 다른 사람이나 물건이 없는지 미리 잘 살피고 손을 자유롭게 움직일 수 있는 공간을 확보한다.

2. **적당한 힘 조절** 바늘을 당길 때에는 실이 너무 느슨하지도 않고 너무 팽팽하지도 않게끔 적당히 힘을 주어야 한다. 실이 바탕천 바닥에 평평하게 누워 있는 정도면 적당하다. 실을 너무 세게 당기면 실과 함께 원단 조직도 당겨져 바탕천에 구멍이 크게 생기거나 원단이 우그러질 수도 있으니 주의한다.

3. **실 길이 조절** 실의 길이가 너무 길면 수를 놓을 때 손과 팔의 동작이 커지기 때문에 불편하다. 그리고 매듭이 없는 쪽 실의 길이가 너무 짧으면 실이 바늘구멍에서 미끄러져 나오기 쉽다. 그러므로 실은 전체 길이의 반보다 조금 긴 정도로 잡고 필요에 따라 조절하면서 쓴다.

1. 점수

한 땀의 길이가 5mm 미만 정도로 짧은 땀을 놓는 수를 점수라고 한다.

쓰임새: 동물의 눈이나 꽃술처럼 작은 모양, 수놓기 시작·마무리에 놓는 점수, 점선, 상침 등

1. 기본 점수

전통자수는 점수로 시작하고 점수로 마무리한다. 그렇기 때문에 바탕천에 가장 먼저 놓는 첫 땀은 항상 점수가 될 것이다. 수 한 땀을 놓는 법은 일반 바느질의 한 땀을 놓는 방식과 크게 다르지 않지만 양손을 모두 사용하는 점이 다르다. 점수를 놓는 방법에 대해 설명할 때 편의상 오른손을 수틀 위에, 왼손을 수틀 아래에 두는 것으로 정한다. 실제로는 양손의 위치가 바뀌어도 된다.

① 수틀 아래에서 왼손으로 바늘을 찔러 올린다. 실의 매듭이 바탕천의 뒷면에 온다.

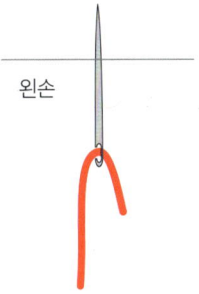

왼손

② 오른손으로 수틀 윗면에 튀어나온 바늘을 잡아 위로 뺀다. 이때 바늘구멍에 꿰인 실이 빠지지 않도록 바늘과 바늘구멍 쪽의 실을 같이 잘 잡아준다.

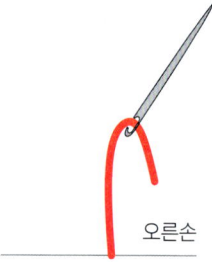

오른손

③ 원하는 땀의 길이만큼 떨어진 지점에 오른손으로 바늘을 내리 꽂는다. 그리고 수틀 아랫면에 튀어나온 바늘을 왼손으로 잡아 아래로 뺀다. 앞으로 다른 기법의 수를 놓을 때에도 대부분 이러한 방식으로 양손을 사용한다.

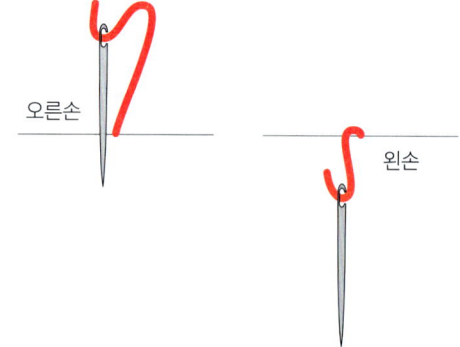

오른손

왼손

2. 시작하는 점수와 마무리하는 점수

다시 한번, 어떤 기법으로 수를 놓든 수놓기의 시작과 마무리에는 점수를 놓는다.

1) 시작하는 점수
본격적으로 도안에 맞춰 수를 놓기 전에 수가 바탕천에 잘 고정되어 있도록 점수를 한두 번 놓는다.

① **수를 놓을 도안면 안에 빈 공간이 있는 경우** 도안선 안쪽 어딘가, 나중에 도안을 채우는 수로 가려질 곳에 점수를 놓는다.

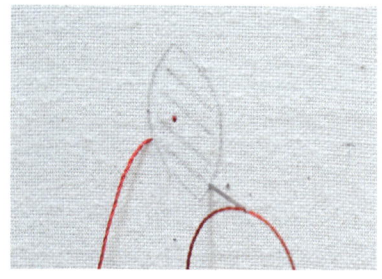

② **수를 놓을 도안면이 이미 다른 수로 완전히 채워져 있는 경우** 수로 촘촘히 덮인 면 위에 다른 수를 놓아야 하

는 경우도 있다. 이때에는 바늘로 땀과 땀 사이를 벌려 만든 작은 틈에서 바늘이 원단 바닥에만 꽂히도록 하여 점수를 놓는다. 그러고 나면 점수는 원래 있던 바늘땀들에 가려져 보이지 않는다.

해당 도안 아주 가까이에 비어 있는 다른 도안이 있다면 그쪽 도안선 안에 점수를 놓고 해당 도안으로 건너와서 수를 놓을 수도 있다. 하지만 도안과 도안 사이를 건너는 땀이 너무 길면 수의 뒷면이 지저분해지고, 원단이 얇거나 밝은색이라면 건너뛴 실이 비쳐 보일 수도 있기 때문에 주의한다.

2) 마무리하는 점수

도안을 다 채워서 수놓기를 끝낼 때나 중간에 실을 바꾸기 위해 일단 마무리할 때에도 역시 점수를 두세 번 놓아 바늘땀이 풀어지지 않도록 고정시킨다.

① 도안이 모두 수로 덮여 있는 경우 땀과 땀 사이를 벌리고 땀을 놓아서 점수가 보이지 않도록 마무리한다.

 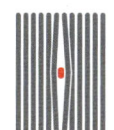   

② 근처에 빈 공간이 있는 경우 해당 도안의 빈 곳이나 인접해 있는 다른 빈 도안의 안쪽에 마무리하는 점수를 놓을 수도 있다.

③ 마무리 점수를 두세 번 정도 놓은 후 마지막에 다시 한번 바늘을 땀과 땀 사이로 올린다. 실을 위로 팽팽히 잡아당긴 상태에서 실 가위로 바짝 자른다. 실 가위는 최대한 바탕천과 평행하게 놓고 실은 가윗날의 안쪽 깊이 넣은 채 자르는 것이 좋다. 가위를 비스듬히 잡고 가윗날 끝으로 자르면 주변의 실이나 원단을 손상시킬 수 있으니 주의한다.

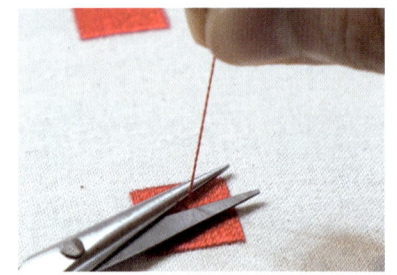

깔끔하게 실을 자르고 나면 그대로 완성이다. 따로 수틀의 뒷면을 돌려 보거나 실을 묶는 일을 하지 않아도 된다. 일부러 잡아 뜯지 않는다면 점수를 여러 번 놓는 것만으로도 수가 튼튼히 고정된다. 그리고 작품 전체의 수를 놓고 난 후 마지막 과정에서 밀가루 풀을 수의 뒷면에 바르는데, 그러고 나면 더 단단하게 고정된다.

3. 점수로 점선 놓기: 상침 놓기

상침이란 옷이나 소품을 지을 때 원단의 겉감과 안감이 따로 움직이지 않도록 원단의 가장자리에 놓는 바느질법입니다. 한 줄의 점수를 이어 놓는 모양의 상침은 홈질과 박음질 같은 일반 바느질 기법과도 비슷하지만 점선의 모양에 따라, 작품의 형태에 따라 조금씩 다르기도 합니다.
짧은 땀이 일렬로 이어져 있을 때에는 땀의 길이에 아주 미세한 차이가 있어도 크게 도드라져 보일 수 있습니다. 원하는 길이의 점수를 정확히 놓기 위해서 한 땀에 대한 감을 익히는 연습을 해보겠습니다.

1) 두 땀 상침
연속된 두 땀을 놓고, 두 땀의 총 길이만큼 간격을 뗀 다음 다시 연속된 두 땀을 놓는 것을 반복한다. 기본적으로 박음질의 진행 방식과 동일하다.

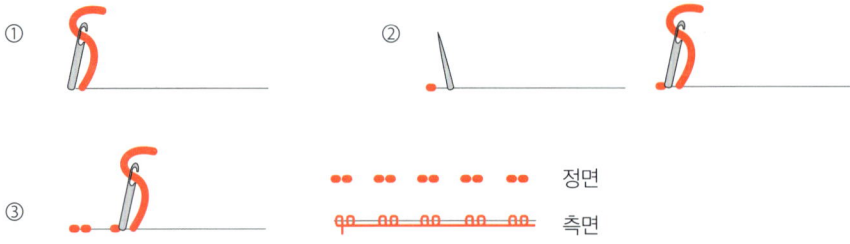

① 도안의 시작점보다 한 땀 길이만큼 앞으로 나간 지점에서 바늘을 올린 다음 시작점으로 되돌아가서 한 땀을 놓는다.

② 또 다른 한 땀 길이만큼 앞으로 나간 지점에서 바늘을 올리고, 앞의 땀 바로 옆에서 바늘을 내린다.

③ 앞서 놓은 두 땀의 길이만큼의 공간을 두고 계속해서 두 땀 건너 두 땀씩 놓는다.

2) 세 땀 상침

두 땀 상침을 놓는 법과 동일한 방식으로 세 땀 건너 세 땀씩 놓는다. 같은 방식으로 네 땀 상침도 놓는다.

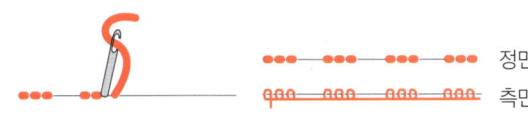

3) 원단 두 겹에 상침 놓는 방법

박음질과 같은 방식으로 놓은 상침의 뒷면은 앞면과 달리 긴 땀들이 겹쳐져 있고 띄어진 간격이 없다. 뒷면도 좀 더 깔끔하게 처리하고 싶다면, 간격을 띌 때 바늘을 겉감과 안감 사이의 공간으로 이동시킨다. 그러면 원단의 뒷면에도 앞면과 비슷한 간격을 둔 바늘땀을 만들 수 있다.

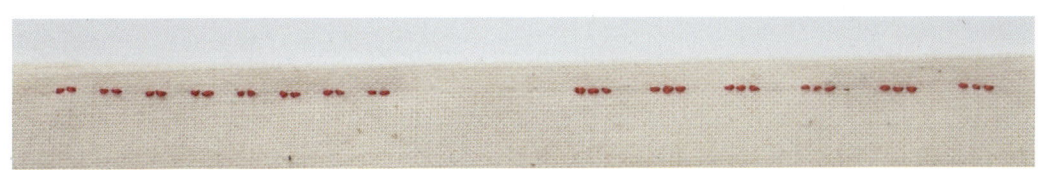

두 땀 상침, 세 땀 상침 앞면

두 땀 상침, 세 땀 상침 뒷면

4) 점수로 면 채우기

땀의 간격이나 크기, 길이, 방향에 따라 다양한 모양으로 면을 채울 수 있다. 77쪽의 '쌀알수'도 점수를 활용하여 면을 채우는 기법 중 한 가지다.

 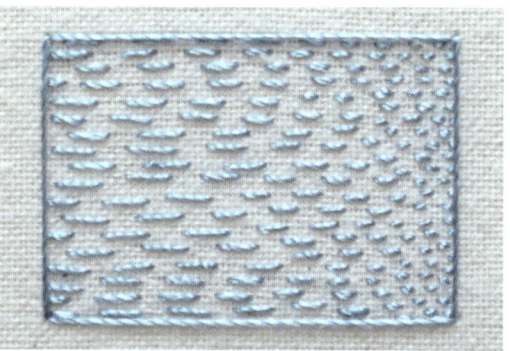

2. 선수

한 땀의 길이가 대략 5mm 이상 정도의 긴 선을 놓는 기법이다. 땀이 너무 길면 중간 부분이 바탕천에 붙어 있지 않고 움직이기 때문에 가능한 너무 긴 땀은 피하는 것이 좋다. 선수로 꼭 긴 땀을 놓고 싶을 때에는 중간중간에 점수를 놓아 고정시켜줄 수도 있다.

쓰임새: 뾰족한 모양의 잎, 꽃술, 얇은 줄기나 나뭇가지, 동물의 수염이나 털, 얼룩무늬, 줄무늬, 격자무늬 등의 기하학 문양 등

한 개의 선을 수놓는 방법은 점수를 놓는 방식에서 땀의 길이만 다를 뿐입니다. 시작하는 점수나 마무리하는 점수를 눈에 띄지 않는 곳(선수가 놓일 도안선상 어딘가에, 주변에 놓인 다른 수가 있을 경우에는 주변 어딘가에)에 놓은 후 원하는 길이와 방향으로 한 땀의 선을 수놓습니다.

1. ─자 모양 선수

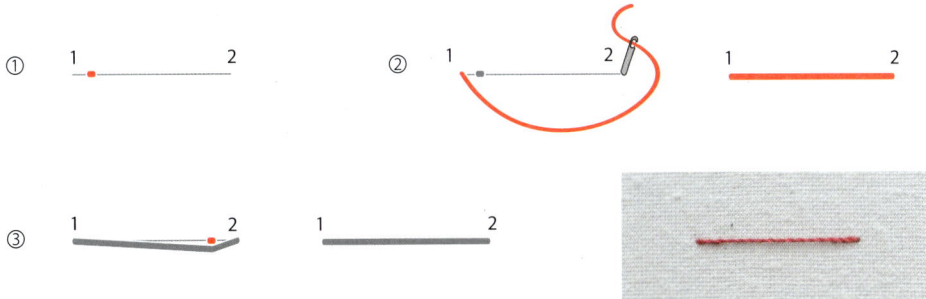

① 시작 점수를 시작점 근처에 놓는다.

② 1에서 바늘을 위로 올린 다음 2에서 내린다.

③ 마무리 점수를 선수 아래, 또는 근처에 숨겨 놓는다.

시작 점수와 마무리 점수는 앞으로 따로 언급하지 않아도 항상 시작과 끝에 놓아줍니다.

2. V자 모양 선수

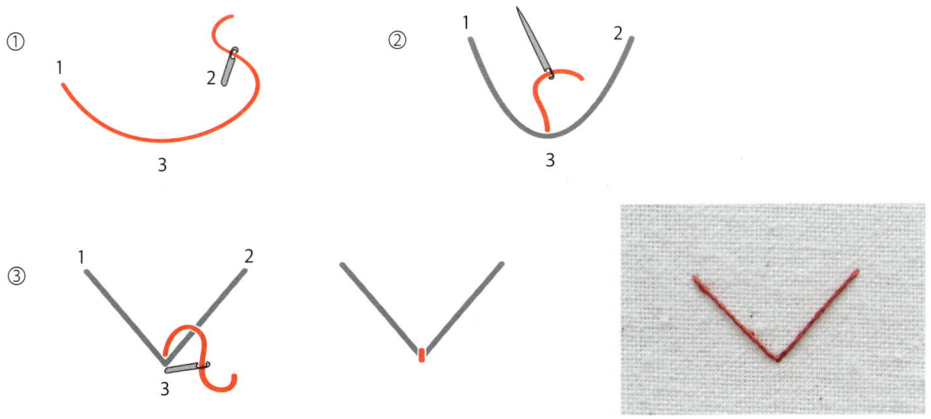

① 1에서 바늘을 위로 올린 다음 2에서 내린다. 이때 실을 끝까지 잡아당기지 말고 느슨하게 둔다.

② 1~2의 실을 3보다 아래에 둔 채 바늘을 3에서 올려 아래 방향으로 당긴다.

③ 3에서 작은 점수를 놓아 꼭짓점을 고정시킨다.

3. Y자 모양 선수

생김새가 기러기의 발처럼 보여 '기러기수'라고도 한다.

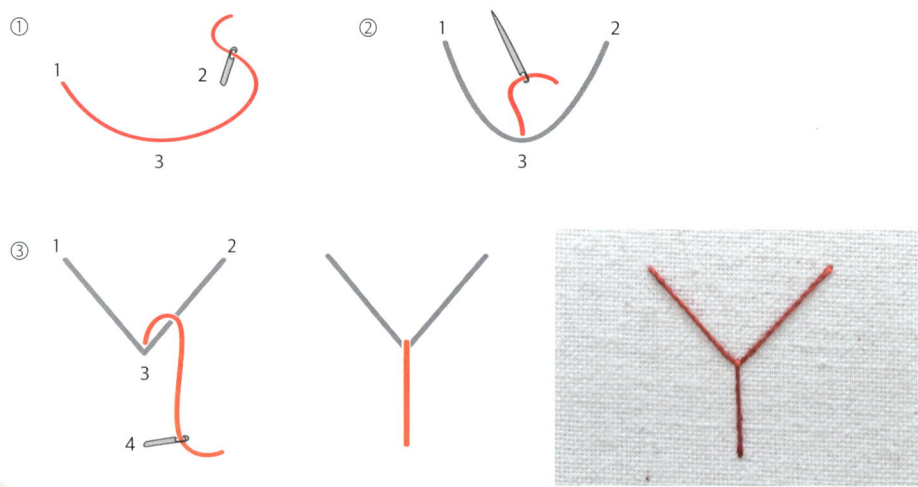

① 1에서 바늘을 위로 올린 다음 2에서 내린다. 이때 실을 끝까지 잡아당기지 말고 느슨하게 둔다.
② 1~2의 실을 3보다 아래에 둔 채 바늘을 3에서 올려 아래 방향으로 당긴다.
③ 바늘을 4에 내린다.

3. 평수

가지런히 놓은 여러 땀의 수로 면을 채우는 기법으로, 면을 채우는 기법 중 가장 기본적인 방법이다. 선수와 마찬가지로 한 땀의 길이가 길면 길수록 고정력이 떨어지므로 너무 긴 땀은 되도록 피하는 것이 좋다.

쓰임새: 연속되고 일관된 방향성을 가진 땀이 모여 면을 채우는 모든 경우

1. 양면평수와 단면평수

1) 양면평수

시작 점수를 도안 안쪽에 놓은 후 그림의 번호 순서대로 바늘땀을 놓는다. 바늘을 1에서 올리고 2에서 내리는 첫 땀을 놓으면, 3, 5, 7쪽 면에서는 바늘이 올라오기만 하고, 4, 6, 8쪽 면에서는 바늘이 내려가기만 한다.

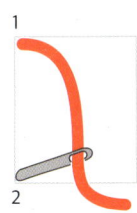 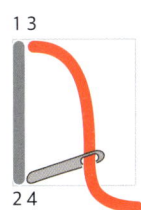   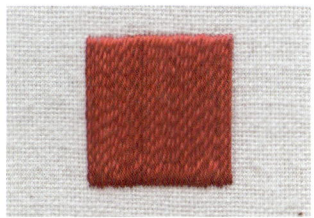

2) 단면평수

그림의 번호 순서대로 바늘땀을 놓는다. 바늘을 1에서 올리고 2에서 내리는 첫 땀을 놓은 후 2의 바로 옆 3에서 바늘을 올려 4에 내리 꽂고, 다시 4의 바로 옆 5에서 바늘을 올리는 식으로 매번 바늘땀이 들어간 자리 바로 옆에서 바늘을 올린다.

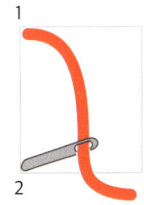    

3) 양면평수와 단면평수 비교

양면평수와 단면평수는 앞면에서 볼 때는 같은 모양이지만 뒷면의 모양은 전혀 다르다. 앞과 뒤가 모두 같은 평수로 채워지는 양면평수는 앞뒤로 긴 땀의 실이 감겨 있기 때문에 고정력이 높고, 땀과 땀을 바짝 붙이기 수월하다. 그렇지만 넓은 면적을 수놓을 때에는 뒷면도 많은 땀으로 덮이게 되므로 실끼리 엉키거나 뭉치지 않게 주의해야 한다.

	앞면	뒷면
양면평수		
단면평수		

반면 단면평수는 앞면만 긴 땀으로 덮이고 뒷면은 작은 점수만 남기 때문에 깔끔하고 실 사용량도 줄일 수 있다. 하지만 앞 땀에 바짝 붙여 바늘을 올릴 때 앞 땀과 같은 구멍으로 나오거나 땀이 가려 조절이 어려울 수 있다.

이러한 특성을 알고 각각의 평수를 적절한 곳에 활용하면 된다. 예를 들어, 도안의 모양이 복잡하거나 작고 섬세한 도안에는 양면평수를 놓고, 넓은 면적에 바탕을 깔아주는 용도에서는 단면평수를 이용하는 등 상황이나 개인의 편의에 맞게 사용한다.

2) 수직평수, 수평평수와 사선평수

도안선을 기준으로 도안선과 직각을 이루는 방향으로 놓으면 수직평수, 도안선과 평행한 방향으로 놓으면 수평평수, 기울어진 방향으로 놓으면 사선평수라고 한다.

수직평수   60도 사선평수   45도 사선평수   수평평수

같은 도안을 같은 굵기의 실로 채우더라도 평수가 놓이는 각도와 방향에 따라 땀이 채워지는 간격에 차이가 생긴다. 수직·수평평수와 사선평수, 그리고 사선의 기울기에 따른 차이를 알면 도안의 모양에 맞게

땀의 간격을 조정할 수 있고, 전체적으로 고른 간격을 유지할 수 있다.

수직 방향의 평수를 놓는 경우에는 한 땀을 놓을 때마다 실 한 올의 굵기만큼씩 채워지게 된다. 사선으로 수를 놓는 경우에는 실의 굵기보다 더 넓은 폭으로 수가 채워지고, 사선의 기울기가 크면 클수록 한 땀이 채우는 폭은 더 넓어진다.

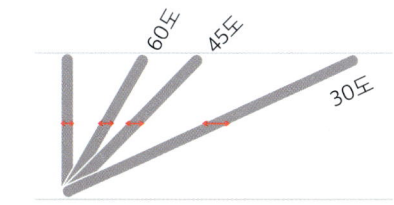

수직과 사선(60도, 45도, 30도)으로 놓았을 때 한 땀의 간격 비교

3. 가장자리에 놓는 평수

앞서 양면·단면평수에서 사용한 네모반듯한 모양은 도안의 어느 한쪽 끝에서부터 차곡차곡 땀을 채워나가는 데 어려움이 없다. 그러나 가장자리가 곡선이거나 각진 모양인 경우에는 가장자리에서부터 미세한 곡선이나 뾰족한 각을 살리기가 쉽지 않다. 그럴 경우에는 다음과 같은 방식으로 놓는 것이 도움이 될 것이다.

1) 둥근 가장자리에 놓는 평수

도안의 가장자리에 굴곡이 있거나 도안선이 복잡한 경우에는 도안의 어느 중간 지점(반드시 정중앙이어야 하는 것은 아니다)부터 한쪽 끝으로 땀을 채우면서 가장자리의 모양을 만들어나가고, 나머지 반쪽도 마찬가지로 마저 채우는 순서로 한다.

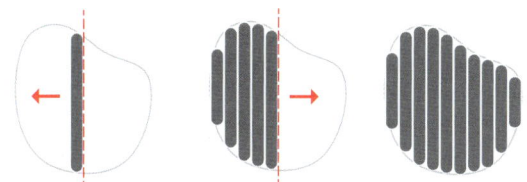

① 시작 점수를 놓은 후 도안의 중간 부분에 첫 땀을 놓는다.
② 한쪽을 끝까지 채운다.
③ 반대쪽으로 넘어와 시작 점수를 놓고 나머지 면도 마저 채운다.

2) 각진 모서리에 놓는 평수

사선평수를 놓을 때 모서리가 뾰족하거나 각이 진 모양을 잘 살리기 위해서 다음 그림과 같이 모서리의 가장 뾰족한 부분에 짧은 한 땀을 도안선에 맞게 미리 놓은 후 나머지 공간을 채운다. 미리 놓은 한 땀의 일부는 다른 땀으로 가려지고 가장 뾰족한 부분만 살짝 드러나 각을 살려줄 것이다.

3) 도톰한 가장자리 만드는 방법

평수를 촘촘하게 채우면 수가 바탕천 위에 볼록하게 올라와 입체감이 생긴다. 이 입체감은 일차적으로 실의 굵기, 두께에 의해 만들어지는데, 그것을 더 도드라지게 하는 것은 나란히 놓인 땀들이 서로를 받쳐주는 힘이다. 같은 굵기의 실로 평수를 놓더라도 땀의 간격이 듬성듬성하면 입체감이 덜하고, 간격이 촘촘하면 입체감도 더해진다. 양옆에 있는 땀이 그 사이에 있는 땀은 받쳐줌으로써 실이 비단에 납작하게 눕지 않고 꼿꼿이 서 있는 느낌이다.

도안의 끝에 오는 마지막 한 땀은 옆에서 받쳐주는 땀이 양쪽에 있지 않고 한쪽에만 있기 때문에 도안 안쪽에 채워진 다른 평수들에 비해 입체감이 떨어지기 쉽다. 입체감 정도의 차이는 때에 따라, 보는 사람에 따라 매우 큰 것이 아닐 수 있다. 그렇지만 수를 놓을 때 이런 미세한 차이에 신경이 쓰인다면 다음과 같은 방법으로 보완할 수 있다.

숨은 땀을 먼저 놓는 경우

숨은 땀과 마지막 땀의 측면

숨은 땀을 마지막에 놓는 경우

50

마지막 땀을 놓기 직전에 같은 자리에 본래 놓아야 할 땀보다 살짝 짧은 땀을 놓고 바로 그 위에 마지막 땀을 놓아준다. 순서를 반대로 하여 마지막 땀을 놓은 후 그 땀의 바로 아래에 짧은 땀을 넣어주어도 된다. 완전히 숨겨 넣어도 되고, 반쯤만 숨겨도 된다. 이렇게 마지막 땀 아래에 숨겨 놓은 작은 한 땀은 마지막 땀이 옆의 땀으로부터 도움을 받지 않아도 납작해지지 않고 도톰한 입체감을 유지할 수 있도록 도와준다.

4. 수의 결 방향

한 면을 평수로 놓을 때 처음부터 끝까지 한 방향의 평행선으로 채울 수도 있지만, 결의 방향을 조금씩 바꿔가며 채울 수도 있다. 수를 놓기에 앞서 어떤 방향의 결로 수를 채울 것인지 정하고, 바탕천 위에 결을 표시해두어야 한다.

1) 수의 결 바꾸는 방법
결의 방향을 바꾸는 땀을 놓을 때에는 바로 앞 땀의 ⅝~⅓ 정도 되는 지점에서 앞 땀의 실을 살짝 밀어서 앞 땀의 밑으로 바늘을 꽂는다. 그러면 바늘을 꽂은 쪽으로 좁아지는 부채꼴이 된다. 반대로 바늘을 위로 올려 뺄 때 바로 앞 땀의 ⅛~⅓ 정도 되는 지점을 살짝 밀어서 나오면 윗부분이 좁은 부채꼴이 된다.

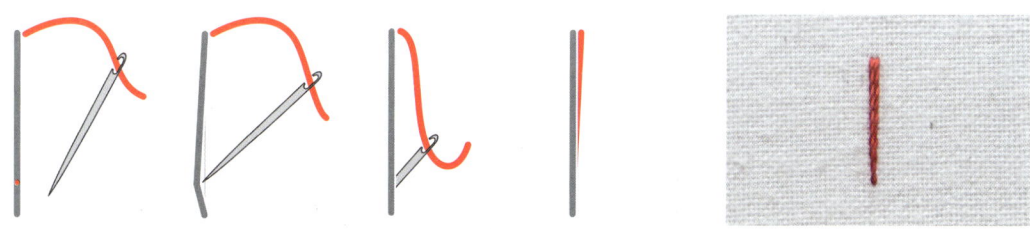

2) 수의 결 바꾸는 지점
어느 지점에서 얼마만큼 자주 각을 변화시키는지에 따라 다양한 결의 변화를 표현할 수 있다.

연속적으로 ⅚ 지점에서 각을 바꾼 모양

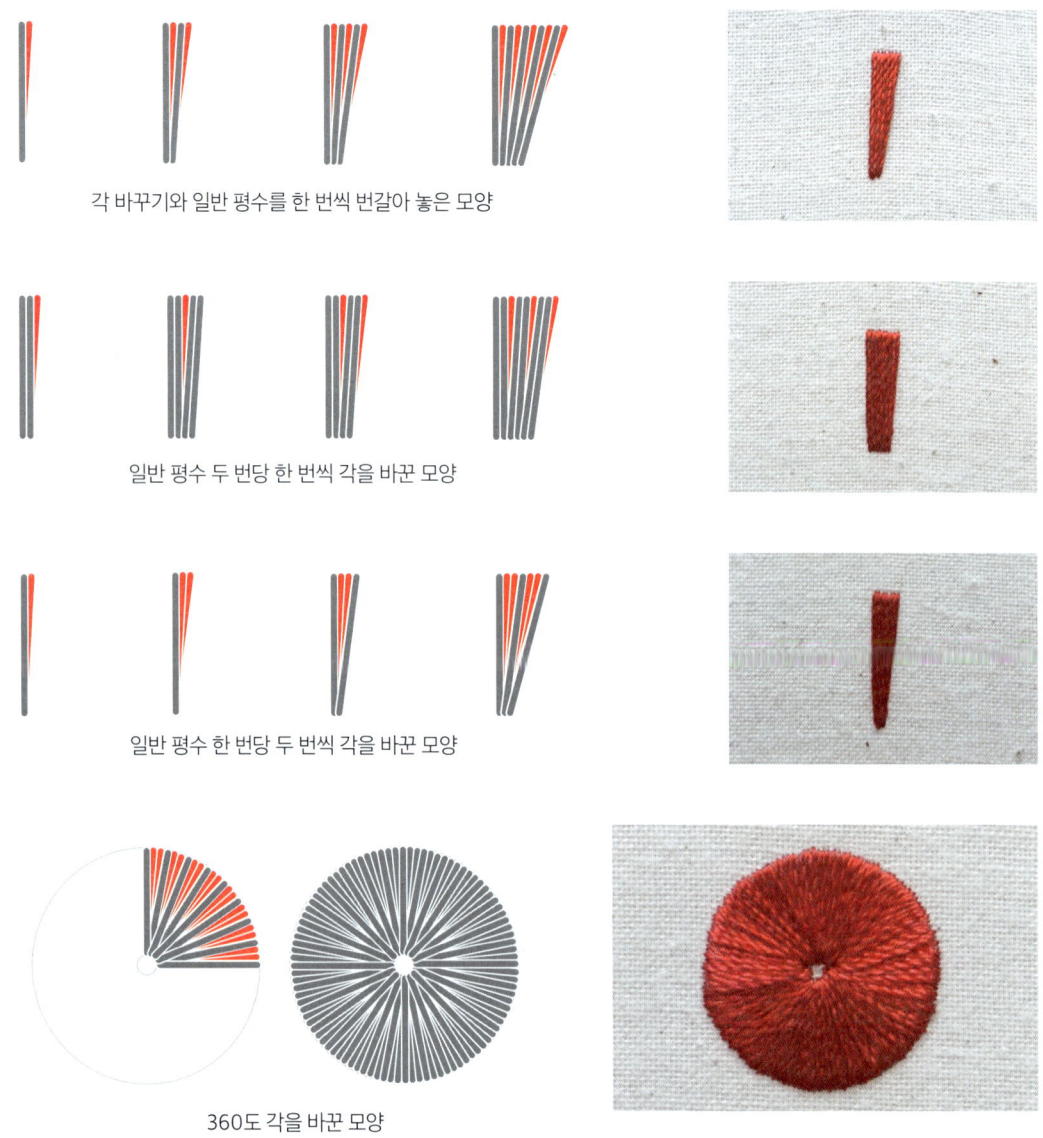

각 바꾸기와 일반 평수를 한 번씩 번갈아 놓은 모양

일반 평수 두 번당 한 번씩 각을 바꾼 모양

일반 평수 한 번당 두 번씩 각을 바꾼 모양

360도 각을 바꾼 모양

자연스럽게 수의 결을 바꾸기 위해서는 일반 평수와 각을 바꾸는 평수를 적절히 섞어주는 것이 중요하다. 같은 지점에서 급하게 각을 많이 바꾸는 경우에는 각이 좁아지는 부분에 여러 땀이 모여 불룩해질 수 있으니 주의해야 한다.

다음과 같이 왼쪽 끝에서 수직평수로 시작하여 오른쪽 끝에는 60도 정도 기운 사선평수가 되는 그림을 예로 들어 각을 자연스럽게 바꾸는 연습을 해보겠습니다.

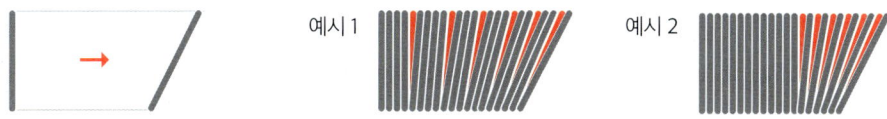

예시 1은 조금씩 점차적으로 각을 바꿔나갔고, 예시 2는 중반까지는 수직평수를 유지하다가 후반에 집중적으로 각을 바꾼 모습입니다. 작품에 따라, 수를 놓는 사람의 의도에 따라 어떤 식으로도 놓을 수 있지만 자연스러운 흐름으로 결을 바꾸고 싶다면 예시 1과 같은 모습이 나을 것입니다. 예시 1처럼 넓은 면적에 걸쳐 조금씩 각을 바꿔야 할 때에는 미리 안내선을 중간마다 그려놓는 것이 좋습니다. 도안의 한가운데에는 양끝 선의 중간 기울기의 선을 표시하고, 또 그 선과 끝선의 중간에는 그 중간의 기울기를 표시하는 식으로 그리면 됩니다.

예시 1을 위해 표시해 놓은 결

3) 수의 결에 따른 질감·색감의 변화

같은 도안을 같은 실로 수놓더라도 수의 결 방향에 따라 다른 느낌, 심지어 다른 색으로 보일 수 있다. 그것은 빛을 받는 각도에 따라 다르게 반사되는 명주실 특유의 광택 때문이다. 벨벳이나 스웨이드 원단을 손으로 이리저리 쓰다듬으면 결 방향에 따라 마치 색이 변하는 것처럼 보이는 것과 비슷하다. 이러한 명주실의 특성을 알고 평수나 면을 채우는 다른 기법의 수를 놓을 경우 결의 방향을 정하는 데 활용하면 더욱 풍부한 표현을 할 수 있다.

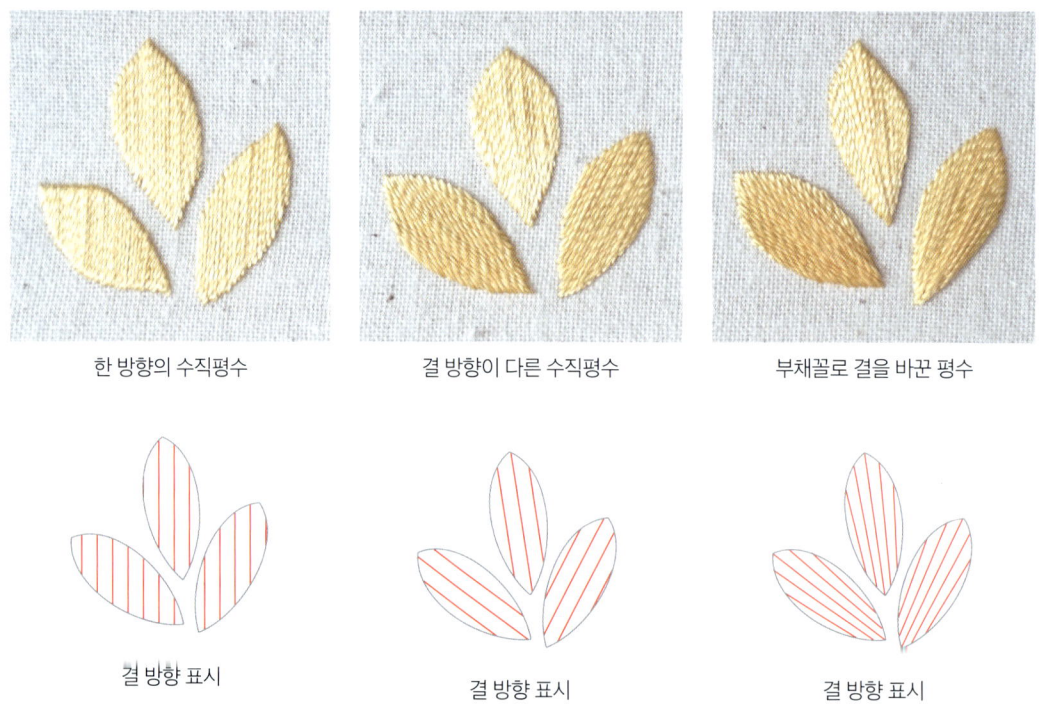

한 방향의 수직평수	결 방향이 다른 수직평수	부채꼴로 결을 바꾼 평수
결 방향 표시	결 방향 표시	결 방향 표시

5. 수의 결 방향 정하는 법

평수처럼 한 면을 여러 땀으로 채우는 경우에는 수를 놓기 전에 먼저 바늘땀이 놓이는 방향을 정해야 한다. 수의 결을 정하는 데 특별히 정해진 법칙이나 정답이 있는 것은 아니지만, 방향을 정할 때 생각해보면 좋은 몇 가지 사항을 소개한다.

1) 너무 긴 땀은 피한다

앞서 언급된 내용으로, 한 땀의 길이가 너무 길면 실이 바탕천에 잘 붙어 있지 않고 움직이면서 바닥이 비쳐 보이기 쉽다. 따라서 도안의 크기와 대비하여 너무 긴 땀이 생기는 방향은 피하는 것이 좋다.

2) 너무 짧은 땀도 피한다

동일한 면적을 채우더라도 짧은 땀으로 채우면 긴 땀으로 채울 때보다 놓아야 하는 땀의 수가 많아서 그만큼 손을 많이 움직여야 한다(앞서 수직평수와 사선평수에서 사선의 기울기와 평수가 채워지는 폭의 관계에 대해 설명한 것과 관련이 있다). 뿐만 아니라 도안선에 바늘이 들고 나는 자국이 많으면 많을수록 깔끔한 테두리를 만들기가 더 까다로워진다.

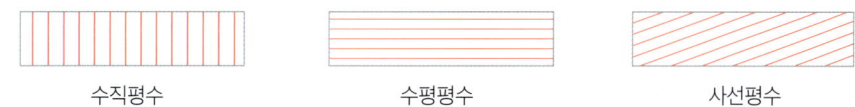

| 수직평수 | 수평평수 | 사선평수 |

예를 들어, 위와 같은 직사각형 도안을 평수로 놓을 때 땀의 길이와 모양, 효율성을 고려하여 평수의 결을 정할 수 있다. 너무 긴 땀과 너무 짧은 땀을 피하다 보면 보통 다양한 각도의 사선으로 놓게 되는 경우가 많다.

3) 도안의 모양·특성과 어울리는 결을 찾는다

도안이 특별히 뾰족한 부분을 가지고 있거나 한쪽으로 기울어진 모양이라면 그 뾰족한 부분이나 기울어진 느낌을 자연스럽게 살릴 수 있는 방향을 찾는 것이 좋다. 날카롭게 삐쳐나가는 방향에 맞추어 수의 결을 정하면 그렇게 하지 않을 때보다 매끄러운 선으로 모양을 다듬을 수 있다.

4) 자연물 본래의 결을 따른다

앞의 세 가지 고려할 점들과 달리 도안 자체가 결을 정해주는 경우도 있다. 바로 동식물 같은 자연물이나 어떤 사물이 본래 지니고 있는 결이 있을 때, 그리고 그 고유의 결을 살리고 싶을 때다. 이런 경우에는 효율성보다 그림의 특성을 우선적으로 고려하여 결을 정하게 되는데, 그렇게 되면 물론 평수 기법만으로는 표현이 어려운 경우가 생길 수도 있다.

여러 사항을 고려하여 결 방향을 정했다면, 초크펜이나 샤프 등으로 바탕천 위에 직접 안내선을 그려 놓는다. 일정 간격마다 표시해 놓은 선은 수를 놓는 중에 자칫 비뚤어질 수 있는 결을 바로잡는 데 도움을 준다.

4. 뜀수

하나의 경계선을 공유하는 두 면에 평수나 그 밖에 면을 채우는 기법으로 수를 놓을 때 땀과 땀이 마주하는 경계 부분을 처리하는 방법 중 한 가지다. '띄워 놓은 수'라는 의미의 이름처럼 경계면에서 만나는 두수의 사이는 미세한 간격을 두고 떨어져 있다.

쓰임새: 벌어진 경계선을 그대로 보여줄 경우, 경계면을 따라 나중에 이음수나 징금수 등으로 테두리를 둘러줄 경우, 주로 도식화된 도안

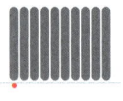  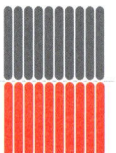  

한쪽 면에 먼저 수를 채우고 나서 나머지 면에 수를 놓을 때, 앞 땀이 놓인 경계선(도안선)과 거의 같은 자리의 바탕천에 바늘을 꽂는다. 특별히 앞 땀과 간격을 떨어뜨리려 하지 말고 최대한 앞 땀에 바짝 붙여 놓도록 한다. 그러면 경계면에 자연스럽게 안으로 패인 듯한 홈이 생긴다.

5. 붙임수

두 면이 마주하는 경계 부분을 처리하는 또 다른 방법이다. 역시 '붙여 놓은 수'라는 의미의 이름처럼 경계면에서 만나는 두 수의 사이에는 빈틈이 없고 땀에서 땀으로 바로 이어진다.

쓰임새: 바탕천의 바닥이 드러나 보이지 않도록 경계선을 만들 경우, 물체가 서로 붙어 있거나 겹쳐 있는 모양, 주로 회화적인 도안

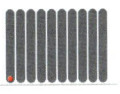  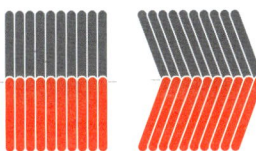 

한쪽 면에 먼저 수를 채우고 나서 나머지 면에 수를 놓을 때, 앞 땀의 0.5~1mm 정도 올라간 지점에서 실의 중앙에 바늘을 꽂는다. 이렇게 먼저 놓인 땀과 바탕천을 동시에 관통하여 땀을 놓는 것을 '(실을) 밟는다'라고 표현한다. 가능한 모든 땀을 밟아서 놓고, 밟기가 마땅하지 않은 경우에는 최대한 비슷한 지점에 놓는다. 그러면 경계면은 빈틈없이 실과 실로 덮인다.

띔수와 붙임수 비교

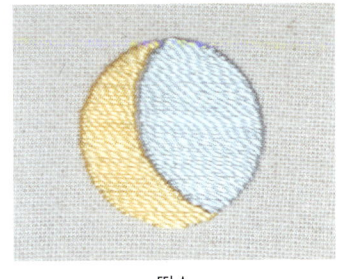 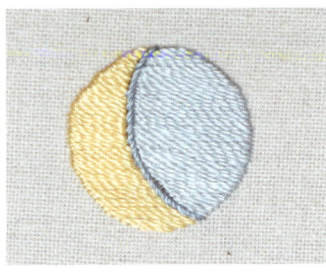 

| 띔수 | 띔수 위에 이음수 | 붙임수 |

띔수는 땀과 땀 사이가 떨어져 있는 경계선을 만들고, 붙임수는 땀과 땀이 연결되어 있는 경계선을 만든다. 띔수를 활용하여 떨어진 경계선 자체가 윤곽선처럼 보이도록 그대로 둘 수 있는데, 그럴 때에는 떨어진 간격을 일정하게 하여 경계선이 고른 모양이 되도록 더욱 신경 써야 한다. 그리고 경계선을 따라 이음수나 징금수 등으로 테두리를 둘러야 할 때 띔수로 만들어진 선이 안내선 역할을 하기도 한다. 두 가지 방법 모두 면과 면 사이가 단절된 느낌이 들기 때문에 보통 간결하거나 도식화된 도안에 많이 사용된다.

붙임수도 띔수와 마찬가지로 땀과 땀이 붙어 있는 경계면이 그대로 윤곽선의 역할을 하기도 하지만, 면과 면 사이가 단절된 것이 아니라 연결된 느낌을 준다. 그래서 별개의 물체가 따로 떨어져 있는 모양보다는 하나의 물체 안에 색이나 면을 구분하여 채우는 경우, 그리고 사실적인 묘사나 회화적인 도안에 주로 사용된다.

6. 이음수

짧은 땀이 연속적으로 이어져 밧줄처럼 꼬임이 있는 형태의 선을 만드는 기법이다.

쓰임새: 테두리 선, 나뭇가지나 줄기, 새의 다리 등

1. 직선 이음수

함 땀의 길이만큼 먼저 앞으로 나간 자리에서 바늘을 올리고 다시 뒤로 돌아가는 방향으로 한 땀을 놓는 것을 반복하여 수를 놓기 때문에 진행 방식은 박음질과 비슷하지만, 땀을 서로 겹쳐 놓는 점이 다르다.

① 첫 땀은 한 칸 앞으로 나간 자리에서 바늘을 올리고 되돌아와 시작점에 내린다.

② 땀이 놓인 곳에서 한 칸 앞으로 나간 자리(시작점으로부터 두 칸)에서 바늘을 올리고 또 한 번 시작점에 내린다. 그러면 첫 번째 칸에는 두 겹의 땀이 겹쳐 있고, 두 번째 칸에는 한 겹의 땀만 있기 때문에 두께가 다르다. 앞으로 두 번째 칸과 나머지 칸 모두 두 겹의 땀이 겹치도록 하여 고른 두께의 이음수를 만들 것이다.

③ 또 한 칸 앞으로 나간 자리(시작점으로부터 세 칸)에서 바늘을 올리고 2⅓칸만큼 되돌아간 지점(시작점으로부터 ⅔칸)에서 내린다. 바늘을 내려 꽂을 때에는 바늘 끝으로 이미 바닥에 놓인 땀들을 살짝 옆으로 밀어서 바늘이 정확히 도안선에 꽂히도록 해야 한다. 앞의 땀들을 덜 밀거나 너무 깊숙이 밀어서 바늘

을 도안선 바깥에 찌르게 되면 이음수의 표면이 톱니처럼 오톨도톨한 모양이 된다.

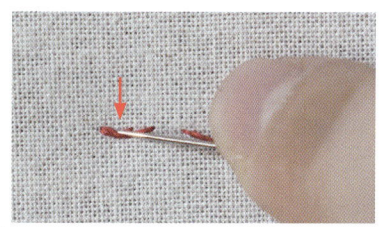

모든 구간을 두 땀씩 겹치게 만들 때 두 칸만 뒤로 되돌아가지 않고 두 칸보다 살짝 더 나가는 이유는 이음수의 마디마디를 좀 더 매끄럽게 결합시키기 위해서입니다. 만약 정확히 두 칸만 돌아가서 땀을 놓을 경우 연결되는 부분이 톱니처럼 거칠고 이음수의 전체적인 두께가 고르지 않게 되기 쉽습니다.

④ 이제 첫 번째, 두 번째 칸은 모두 땀이 두 겹씩 겹쳐 있고, 세 번째 칸은 아직 한 겹인 상태이다. 이제 앞에서 한 것과 마찬가지로 또 한 칸 앞으로 나간 자리(시작점으로부터 네 칸)에서 바늘을 올리고 2⅓칸만큼 되돌아간 지점에서 내린다. 바늘로 앞 땀을 미는 방향은 앞에서 밀어준 방향과 동일해야 한다.

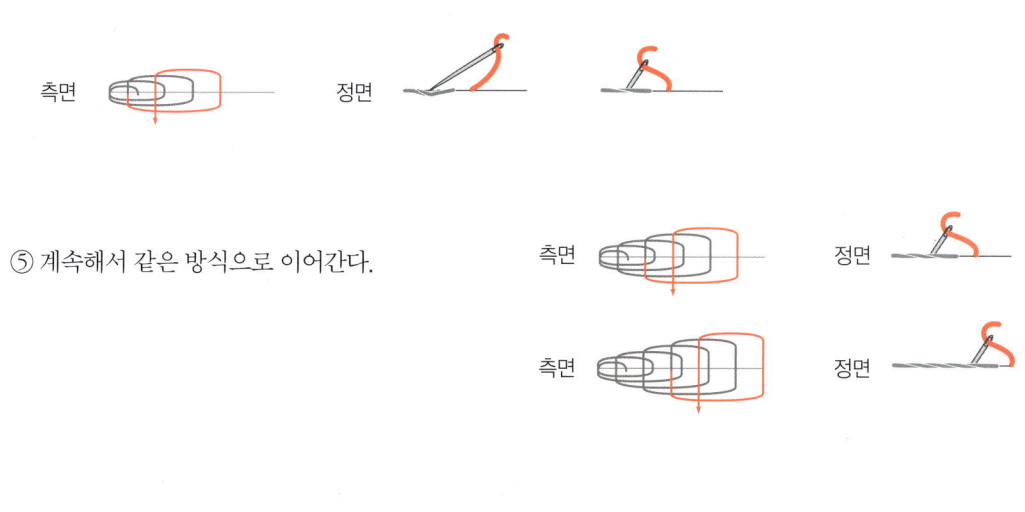

⑤ 계속해서 같은 방식으로 이어간다.

⑥ 마지막 칸을 제외한 구간들이 모두 두 겹씩 겹쳐 있는 상태에서는 마지막 칸도 두 겹이 되도록 바늘을 끝점에서 한 번 더 올리고 1⅓칸만큼만 되돌아간 지점에서 내린다. 그러면 모든 구간이 두 겹의 실로 덮이면서 동일한 굵기의 이음수가 된다.

자연스럽게 연결된 이음수

매끄럽지 않은 이음수

2. 곡선 이음수

자연스럽게 연결된 이음수

매끄럽지 않은 이음수

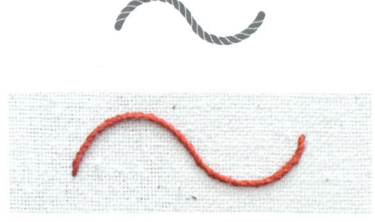

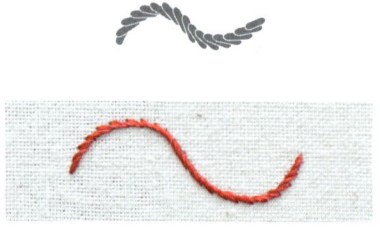

한 땀은 직선이기 때문에 여러 땀이 모여 부드러운 곡선을 만들기 위해서는 땀의 길이가 짧아져야 한다. 곡선의 굽은 정도가 심할수록 땀의 길이를 짧게 놓는 것이 좋다. 직선이나 완만한 곡선 부분에서는 땀을 길게 놓다가도 곡선이 나타나는 곳에서는 땀을 짧게 놓는 등 도안선의 모양에 따라 적절히 땀의 길이를 조정하도록 한다.

부드러운 곡선을 잘 살리기 위해서는 수를 놓을 때 실을 팽팽하게 당기지 말고 살짝 여유를 두는 것이 좋습니다. 실을 너무 팽팽히 당기면 땀이 곡선의 안쪽으로 모여들고, 그러면 바늘 땀 자국이 드러나서 이음수의 표면이 매끄럽지 않게 되기 쉽습니다. 수에 적당히 여유를 주기 위해서 바늘땀을 놓을 때 틈틈이 곡선의 안쪽에서 손톱 끝을 바짝 대고 바깥쪽으로 밀어주면 실에 여유를 주는 데 도움이 됩니다.

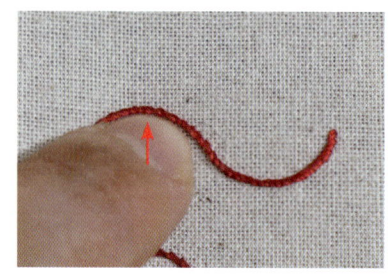

3. 각진 모서리 이음수

모서리의 각을 살리기 위해서는 연결된 두 개의 선을 한 줄의 이음수로 놓는 것이 아니라 각각을 별개의 선으로 보고 두 번에 나누어 수를 놓으면 된다. 한 변의 이음수를 마무리하고 나서 각이 꺾이는 부분에 새로 이음수를 놓을 때에는 첫 땀을 앞에 놓은 이음수의 마지막 땀과 살짝 겹쳐지도록 두면 두 이음수가 연결되어 있으면서도 각이 뾰족한 모서리를 만들 수 있다.

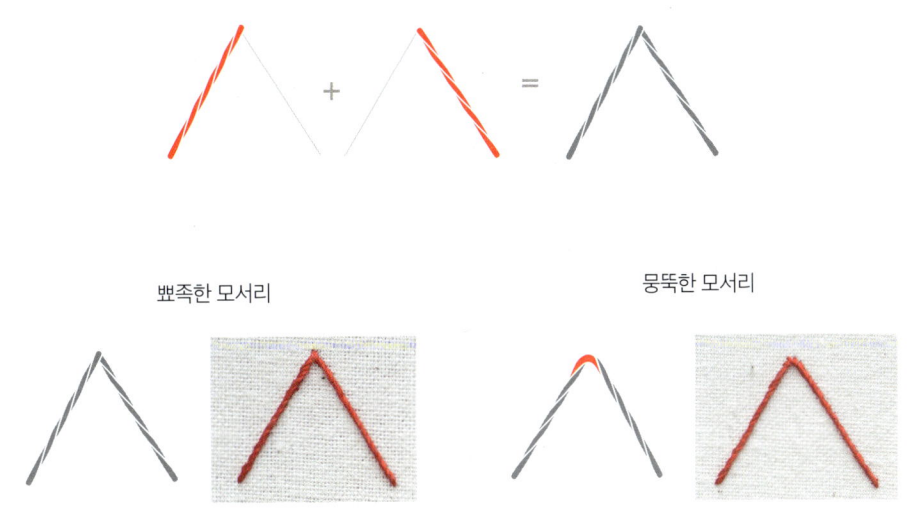

뾰족한 모서리   뭉뚝한 모서리

4. 이음수의 두께 조절하는 방법

바늘을 앞 땀의 밑으로 밀어 넣을 때 땀이 겹치는 부분을 ⅓에서 ½, ⅔ 또는 ³⁄₃으로 늘려 나갈수록 이음수의 두께를 두껍게 만들 수 있다. ³⁄₃을 겹치는 것은 결국 모든 구간을 세 겹씩 덮는 두께가 된다. 보통 서너 겹 정도 겹치는 이음수까지는 굵은 이음수라고 부를 수 있지만, 그 이상으로 많이 겹치거나 두꺼워지는 경우에는 너비가 좁은 면을 채우는 평수를 놓는 것과 같아진다고 볼 수 있다.

³⁄₃ 지점   ⅓ 지점
⅔ 지점

한 줄 세우기(⅓씩 겹치기)

두 줄 세우기(⅔씩 겹치기)

세 줄 세우기(³⁄₃씩 겹치기)

얇은 면적 평수

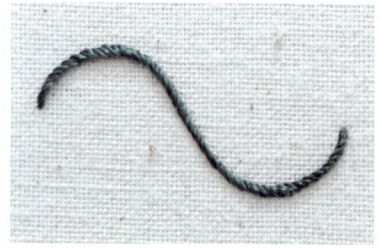

필요에 따라 한 줄의 이음수 안에서도 다양한 두께 변화를 만들 수 있다.

편의상 겹치는 부분의 양을 ⅓, ⅔ 등 숫자로 표시하지만, 작은 한 땀 안에서 그것보다 더 짧은 길이를 정확히 가늠하는 것은 쉽지 않습니다. 정확한 자리에 땀을 놓는다 해도 반드시 이음수의 굵기가 일정하지 않을 수도 있습니다. 이음수의 두께와 모양을 만드는 데에는 땀이 겹치는 분량뿐만 아니라 땀의 길이, 앞 땀을 미는 정도, 실을 당기는 힘 등 여러 가지 요인이 동시에 영향을 주기 때문입니다. 그러므로 이음수를 놓을 때에는 정해진 규칙을 따르는 것도 중요하지만, 실제 눈으로 보이는 수의 모양과 두께를 살피고 그때그때 적절한 바늘땀의 위치를 찾아 수를 이어나가는 것이 중요합니다.

5. 이음수를 놓는 방향: 수놓는 진행 방향과 바늘을 미는 방향

이음수는 실 한 땀 한 땀이 서로 맞물려 꼬인 모양을 갖게 되는데, 이 꼬임의 질감은 실 자체의 꼬임과 이음수가 진행되는 방향, 땀을 겹쳐 놓을 때 바늘이 땀을 미는 방향에 따라 미세한 차이를 보입니다. 우리가 일반적으로 구매하여 사용하는 꼰사나 반꼰사는 대부분 옆의 그림과 같이 Z 모양의 꼬임을 보이며 반시계 방향으로 꼬여 있으므로 이 꼰사를 기준으

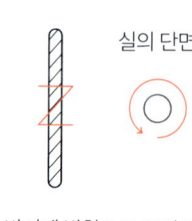

실의 단면

반시계 방향으로 꼬인 꼰사

로 설명하겠습니다.

이음수를 놓아가는 진행 방향과 바늘땀을 밀어주는 방향을 각각 다르게 하면 다음과 같이 네 가지 조합을 만들 수 있다. 그러면 결국 이음수의 모양은 ①과 ④가 같고, ②와 ③이 같다. ①과 ④는 실이 서로 겹쳐 맞물릴 때 특별히 도드라지는 부분 없이 부드럽게 얽혀 들어간다. ②와 ③도 물론 같은 형식의 이음수가 되기는 하지만 땀과 땀의 결합력이나 연결성이 ①과 ④에 비해 낮은 편이다. 물론 이런 차이는 수를 놓는 사람에 따라, 보는 사람에 따라 크게 느껴질 수도, 미미하게 느껴질 수도 있다. 어느 쪽이 맞고 틀린가의 문제가 아니라 취향과 선택의 문제이다. 그렇지만 특정 방향의 조합이 보기 좋다고 느껴지거나 전체적으로 고른 질감의 이음수를 놓고 싶다면 일정한 방향을 선택하는 편이 나을 것이다. 같은 실과 바늘로 같은 방식의 이음수를 놓았는데도 모양이 일정하게 나오지 않는다면 이런 방향에 차이가 있지 않았는지 확인해 본다.

단순히 오른쪽, 왼쪽이 아니라 시계 방향과 반시계 방향으로 방향 기준을 정할 때 모든 선을 같은 규칙으로 설명할 수 있습니다. 곡선뿐만 아니라 직선이라도 그 도안선이 둥근 시계의 일부를 이루는 선으로 가정하면 이해하기 쉽습니다.

바늘을 미는 방향 \ 진행 방향	시계 방향 ↻	반시계 방향 ↺
시계의 밖에서 안으로 ↘	①	②
시계의 안에서 밖으로 ↗	③	④

7. 가름수

나뭇잎처럼 중심선을 기준으로 반을 갈라서 양쪽 면에 각각 다른 각도의 사선평수를 채우는 방법이다.

쓰임새: 잎, 깃털 등

1. 기본 가름수

① 도안에 어울리는 결을 표시한다.

② 꼭짓점에서 중앙선으로 내려오는 첫 땀을 놓는다.

③ 두 번째 땀부터 평수의 결 방향 바꾸는 법(51쪽)을 활용하여 그림에 맞는 각을 만들어나간다.

④ 결에 맞게 가끔 수의 결 방향을 바꿔주면서 반쪽 전체를 먼저 채운다.

⑤ 나머지 반쪽도 마저 평수로 채운다. 이때 먼저 놓은 반쪽과 마주하는 경계면은 띔수와 붙임수(56~57쪽) 중 필요에 따라 선택하면 된다. 잎의 중앙선을 따라 이

음수 등으로 줄기를 표현할 것이라면 띔수를 놓는 편
이 좋다.

가름수를 놓을 때 도안의 바깥 선에서 바늘을 올리고 중앙선에서 내리는 순서로 놓는 것이 처음에 각을
변화시키는 데 수월합니다. 그렇지만 개인의 편의에 따라 중앙에서 바깥으로 놓아도 되고, 수를 놓다가
중간에 그 순서를 바꾸어도 됩니다. 순서를 바꿀 때에는 그냥 단면평수를 놓듯이 바꾸어도 되지만, 바꾸
기 직전에 근처에 점수를 한 번 놓아주면 훨씬 안정감 있게 바꿀 수 있습니다.

2. 다양한 가름수

도안의 외곽선 모양, 자수실의 색 사용에 따라 다양한 표현을 할 수 있다.

나뭇잎 모양

깃털 모양

8. 씨앗수

씨앗처럼 작은 알갱이 모양의 수를 놓는 기법이다. '매듭수'라고도 부르는데, 놓는 방법이 실 끝에 매듭을 짓는 방법과 비슷하기 때문이다.

쓰임새: 꽃술, 솔방울, 작은 동물의 눈, 면적 채우기 등

1. 기본 씨앗수

① 바탕천에서 나온 실을 여분의 실보다 길게 잡는다.

② 바늘을 바탕천 가까이에 두고 바탕천에 붙은 부분의 실을 바늘에 2회 또는 3회 돌려 감는다. 실을 2회 감을 때보다 3회 감을 때 씨앗수의 크기가 약간 더 크다. 원하는 대로 크기를 조정할 수 있는지 여러 번 연습해보는 것이 좋다.

2회 감기　　　　　　　3회 감기

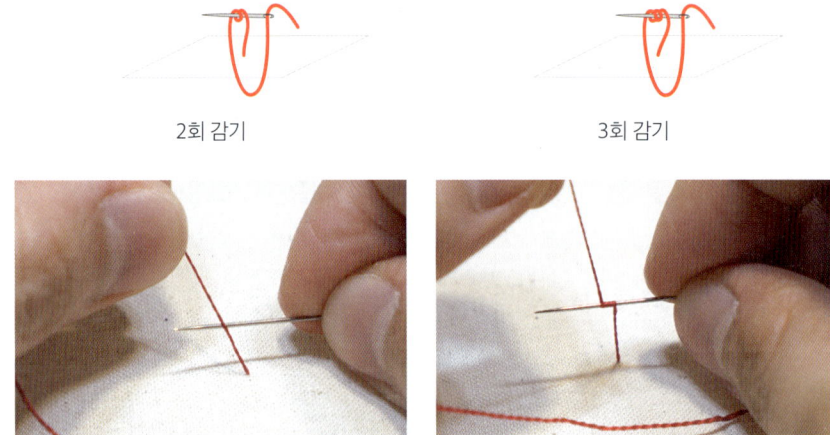

③ 작은 점수를 놓듯 근처에 바늘을 꽂아 반만 내린다.

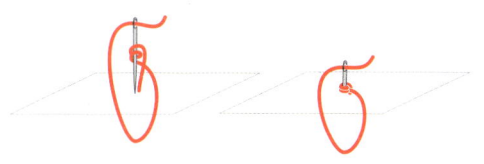 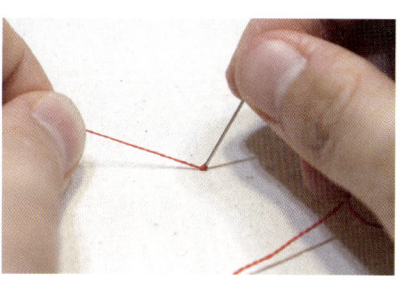

④ 한 손으로 바늘에 감긴 매듭이 느슨해지지 않도록 실을 팽팽히 당긴 채 다른 한 손으로는 바늘을 아래
에서 잡아 내린다. 마지막까지 매듭이 풀어지지 않도록 매듭에서 이어지는 실을 당기고 있는 손에 신
경을 쓴다.

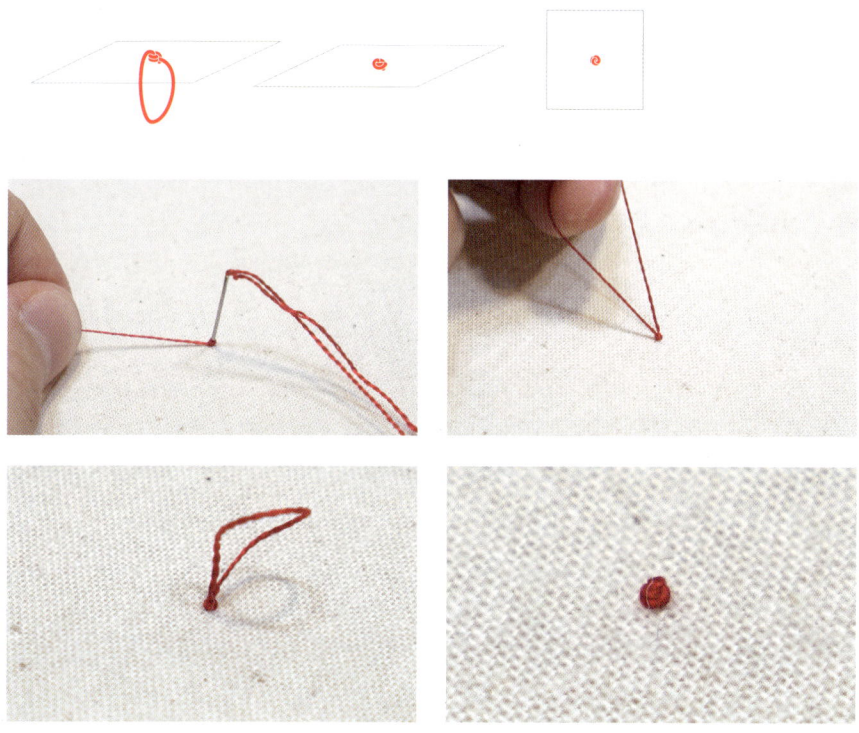

실을 감는 횟수가 많을수록 매듭의 크기가 커지지만 4회 이상으로 너무 많아지면 매듭이 전체적으로 커
지는 것이 아니라 위로만 커질 수 있고, 매듭의 모양이 흐트러질 수도 있습니다. 그래서 2~3회 정도 감는

것이 보통인데, 보다 더 큰 씨앗수를 안정감 있게 놓고 싶다면 좀 더 굵은 굵기의 실을 것을 사용하면 됩니다.

일반 명주실 2회, 3회, 4회   2배 굵기 명주실 2회, 3회

2. 느슨하게 놓는 씨앗수

놓는 방법은 기본 씨앗수와 동일하게 하되, 바늘에 감긴 실을 팽팽하게 당기지 않고 살짝 느슨하게 둔 채로 매듭을 짓는다. 기본 씨앗수는 공처럼 구의 형태가 되는 반면에, 느슨하게 놓는 씨앗수는 동그란 고리가 여러 겹 겹쳐 있는 모양이 되어 부스스하거나 풍성한 느낌을 줄 수 있다.

느슨한 씨앗수

3. 다양한 씨앗수 모양

씨앗수는 작은 점을 표현하는 것 외에 넓은 면을 알알이 채우는 방식으로도 사용된다. 회화의 점묘법과 비슷한 이 방식은 볼록하게 뛰어나온 알갱이들이 면을 빼곡히 채움으로써 도드라진 입체감과 함께 독특한 질감을 표현한다.

바닥이 드러나 보이지 않을 정도로 면을 빼곡히 채우고 싶다면 씨앗수를 놓기 전에 먼저 씨앗수와 같은 색으로 바탕에 평수를 깔아주는 것이 도움이 된다. 평수가 놓인 부분을 바탕천이라고 생각하고 그 위를 밟아가며 씨앗수를 놓으면 적당한 밀도의 씨앗수로도 빈틈없이 면을 가득 채울 수 있고, 입체감을 더 높이며, 윤곽선도 또렷하게 만들 수 있다.

같은 계열 색으로 도안을 채운 모습

밀도를 바꾸며 도안을 채운 모습

같은 색의 평수 위에 놓은 모습

다른 색의 평수 위에 놓은 모습

평수나 이음수 등 다른 기법의 수는 바늘땀이 마음에 들지 않는 경우 땀을 풀어서 새로 놓을 수 있지만, 씨앗수는 매듭이 묶이는 형태이기 때문에 되돌리기가 어렵습니다. 이미 꼭 매인 매듭은 마음에 안 들 경우 잘라내는 수밖에 없습니다. 그런데 만약 여러 개의 씨앗수를 놓던 중 잘못된 씨앗수 하나를 자른다면, 그 앞에 연결된 씨앗수의 실까지도 잘리게 된다는 것을 염두에 두어야 합니다. 씨앗수를 놓는 도중에 뜯는 일이 생기지 않도록 실전에 들어가기 전에 기법이 손에 완전히 익을 때까지 충분히 연습하는 것이 좋습니다. 아니면, 씨앗수를 놓는 중간중간에 점수를 놓아주어 실을 자르더라도 앞에 놓은 수에는 영향이 가지 않도록 하는 것도 하나의 방법입니다.

9. 솔잎수

선수를 응용하는 기법으로 여러 가닥의 뾰족한 솔잎 모양을 표현하는 방법이다.

쓰임새: 솔잎, 잡초, 수초, 국화무늬 등

1. 부채꼴 솔잎수

 ① 부채꼴로 그린 도안에 맞게 V자 모양 선수(45쪽)를 놓는다.

 ② 부채꼴의 각을 반으로 가르는 선수를 놓는다. 꼭짓점에서 만나는 땀에 최대한 가까이 붙인다.

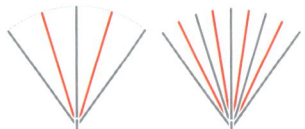

계속해서 부채꼴 각의 반을 가르는 경우

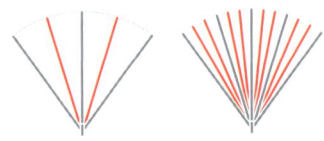

부채꼴 각의 반을 가른 후 ⅓씩 나눠 가르는 경우

③ 새로 생긴 각을 계속해서 규칙적으로 ½이나 ⅓씩 나눠가며 원하는 밀도로 솔잎을 채워나간다.

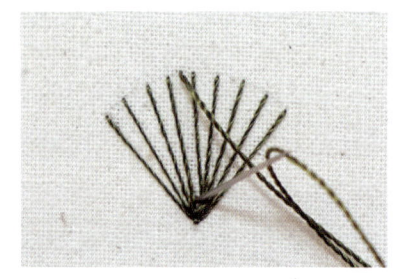

좁은 각 사이를 가를 때에는 바늘을 바로 중심점에 찌르지 말고, 땀과 땀 사이에 여유 공간이 있는 지점에서부터 바늘을 살짝 기울여 잡고 바탕천에 댄 채 중심 가까이로 미끌어지듯 긁어들어 갑니다. 중심에 모이는 바늘땀이 모두 같은 한 점에 들어가면 그 부분만 실이 많이 겹쳐 둔해 보이고 원단에 큰 구멍이 생길 수도 있습니다. 그러므로 첫 두세 땀 정도는 중심점에 맞추되 그다음 땀부터는 중심 근처에 자연스럽게 끼워 넣습니다.

2. 원형 솔잎수

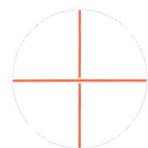

① 원형으로 그린 도안의 중심에 맞춰 十자 모양의 선수를 놓는다.

② 같은 중심점에서 45도 기운 十자 모양 선수를 놓는다.

③ 각 사이를 가르는 땀을 원하는 밀도로 채워나간다. 부채꼴 솔잎수와 마찬가지로 바늘을 긁어내리며 바늘땀이 중심부로 자연스럽게 끼워지도록 한다.

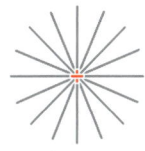

④ 앞서 놓았던 十자 모양의 땀이 고정되도록 같은 중심점을 기준으로 아주 작은 점수 같은 十자 모양의 수를 놓는다. 이미 중심부에 놓인 많은 땀들이 밟히거나 밟히지 않거나 크게 상관없다.

3. 솔잎수에 장식 더하기

완성된 솔잎 모양은 그대로 둘 수도 있지만, 솔방울이나 잎받침 장식을 같이 해주는 경우가 많다.

1) 솔방울 장식 솔잎수
부채꼴 솔잎의 꼭짓점, 원형 솔잎의 원점 위에 씨앗수를 한 개 올린다. 씨앗수를 놓는 자리에 놓인 바늘땀을 밟아주어 솔방울이 정확히 솔잎 위에 얹혀 있게끔 한다.

2) 잎받침 장식 솔잎수
솔잎의 꼭짓점을 중심으로 새 발 모양의 잎받침을 올린다. 솔잎의 양끝과 가운데 선에 맞춰 잎받침 모양을 만드는데, 수놓는 방식은 부채꼴 솔잎수를 놓는 앞부분과 동일하다. 잎받침을 놓을 때도 역시 솔잎의 땀을 정확히 밟아주도록 한다. 그렇지 않으면 잎받침이 솔잎 위에 제대로 얹히지 못하고 어느 한쪽으로 치우칠 것이다.

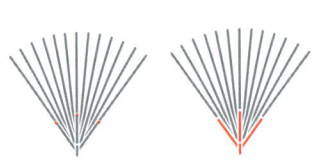 

4) 바탕 평수 위에 놓는 솔잎수

솔잎수는 선으로 이루어졌기 때문에 바늘땀 사이사이에 바닥이 비쳐 보인다. 도안을 꽉 채우는 느낌을 주고 싶다면 솔잎의 밀도를 높이는 방법도 있겠지만, 간결한 솔잎수 모양을 살리면서도 속이 비어 보이지 않게 할 수 있는 방법이 있다.

① 솔잎수가 채워질 면에 평수(46쪽)나 자련수(87쪽) 등으로 바탕을 메운다. 나중에 솔잎수가 바탕수를 눌러줄 것이기 때문에 땀의 길이가 많이 길어도 괜찮다.

② 바탕수 위에 솔잎수를 채워 넣는다. 솔잎수의 땀을 놓을 때 바탕수의 실을 밟아주도록 한다. 땀을 제대로 밟지 않으면 솔잎수 땀의 일부가 바탕수 사이로 숨어 들어갈 수도 있고, 바탕수가 밀려서 바닥이 드러나 보일 수도 있다.

5. 다양한 솔잎수 모양

솔잎의 밀도와 각도, 형태에 따라 다양한 모양의 솔잎을 만들 수 있다.

다양한 부채꼴 솔잎수

밀도

각도

형태

다양한 원형 솔잎수

밀도

형태
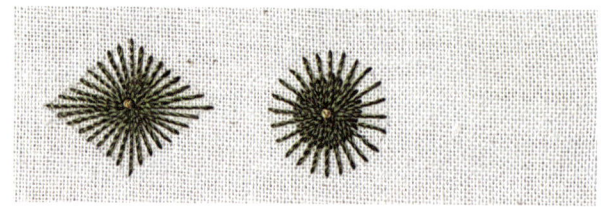

10. 엇겨놓기수

선수와 평수를 응용하는 기법으로 서로 이웃하는 두 땀을 교차시켜 놓는 방법이다.

쓰임새: 입체적인 구형(球形)을 표현하는 경우, 미묘한 색감 변화를 주고 싶은 경우 등

1. 기본 엇겨놓기수

① 미리 정한 결 방향에 맞춰 평수를 놓되 모든 땀과 땀 사이에 실 한 가닥 간격을 비워둔다.
   평수(46쪽)를 채우는 순서와 같이 도안의 모양에 따라 편한 자리부터 땀을 채워나간다.

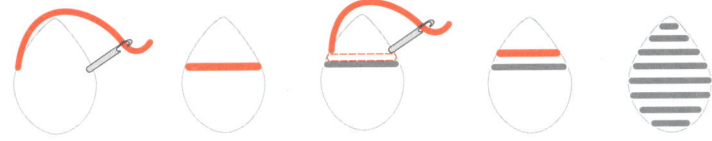

② 도안선의 한쪽 면에 땀을 비워둔 자리에서 바늘을 올리고 반대쪽 면에서 내리는데, 이때 이웃하는 한
   땀을 가로지르며 교차시켜 놓는다.

③ 계속해서 교차선을 만들며 비워두었던 모든 자리를 채운다.

엇거놓기수를 할 때 바늘땀을 놓는 순서는 양면 평수(47쪽)처럼 해도 되고, 단면평수(47쪽)처럼 해도 됩니다.

양면평수처럼 놓는 순서

단면평수처럼 놓는 순서

교차선을 놓을 때에는 한 땀 간격으로 비워 놓은 자리를 정확히 찾아 바늘을 꽂는 것이 중요합니다. 중간에 한 칸을 더 띄우거나 같은 자리에 두 땀을 넣지 않도록 주의합니다.

2. 두 개의 도안선이 있는 엇거놓기수

① 도안선 안쪽에 또 하나의 도안선을 그려 놓는다.

② 본래의 도안선에 맞게 실 한 올 간격을 비워두며 땀을 채운다.

③ 안쪽의 도안선에 맞추어 교차선을 놓는다.

3. 다양한 엇겨놓기수 모양

엇겨놓기수는 자수실의 색 조합과 교차면의 모양에 따라 다양한 표현을 할 수 있다.

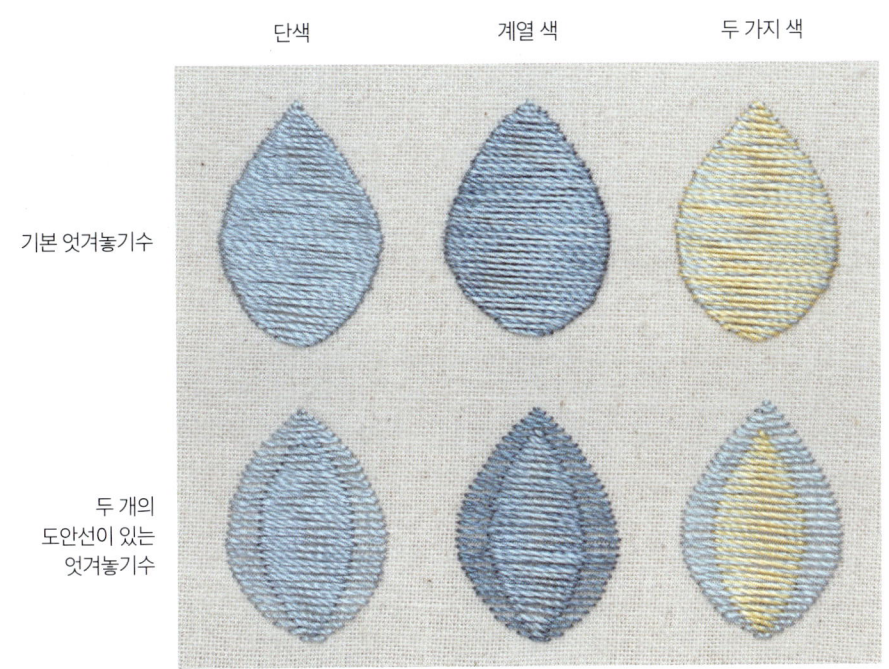

| | 단색 | 계열 색 | 두 가지 색 |

기본 엇겨놓기수

두 개의
도안선이 있는
엇겨놓기수

11. 쌀알수

쌀알을 흩뿌려 놓은 것처럼 짧은 땀을 여러 방향으로 불규칙하면서도 고르게 놓아 넓은 면을 채우는 기법이다.

쓰임새: 넓은 면에 독특한 질감을 표현하는 경우

1. 기본 쌀알수

이웃하는 다른 땀과 나란한 방향으로 놓이지 않도록 불규칙적으로 방향을 바꾸어 놓는다. 빈 공간의 모양이 가능한 한 삼각형이 되도록 한다. 땀과 땀 사이의 간격이 너무 넓으면 빈 공간의 모양을 만들기 어려우므로 간격을 좁게 띄는 것이 좋다.

쌀알수의 안 좋은 예 1: 규칙성이 뚜렷한 경우

쌀알수의 안 좋은 예 2: 땀과 땀의 간격이 너무 넓은 경우

2. 다양한 쌀알수 모양

쌀알수를 놓는 실의 색에 따라 다른 표현을 할 수 있다.

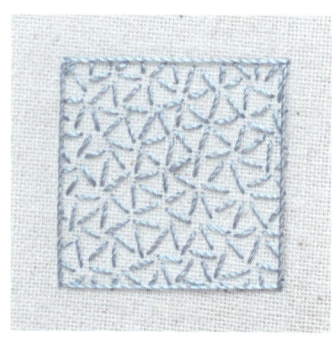

단색   그러데이션   색 혼합

12. 삼각수

三(삼)자 형태로 놓인 짧은 세 땀이 한 묶음으로 불규칙하게 움직이며 넓은 면을 채우는 기법이다.

쓰임새: 넓은 면에 독특한 질감을 표현하는 경우

1. 삼각형 모양으로 놓는 삼각수

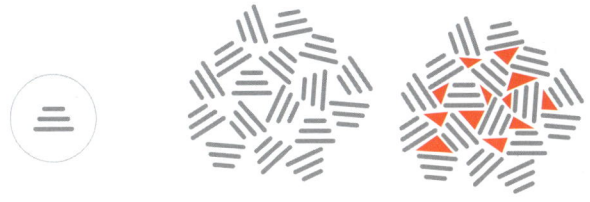

세 땀의 길이를 다르게 하여 三자 모양이 삼각형을 이룬다. 이웃하는 삼각수들과 나란한 방향으로 놓이지 않도록 불규칙적으로 방향을 다르게 하여 놓는데, 이때 빈 공간의 모양이 가능한 한 삼각형이 되도록 한다. 삼각수와 삼각수의 간격이 너무 넓으면 빈 공간의 모양을 만들기 어려우므로 간격을 좁게 하는 것이 좋다.

삼각형 삼각수의 안 좋은 예 1:
규칙성이 뚜렷한 경우

삼각형 삼각수의 안 좋은 예 2:
땀과 땀의 간격이 너무 넓은 경우

2. 사각형 모양으로 놓는 삼각수

세 땀의 길이를 비슷하게 하여 三자 모양이 사각형을 이룬다. 세 땀의 길이가 꼭 같아야 하는 것은 아니다. 삼각형 삼각수와 마찬가지로 땀의 방향을 불규칙적으로 변화시키면서 빈 공간의 모양이 삼각형이 되도록 한다.

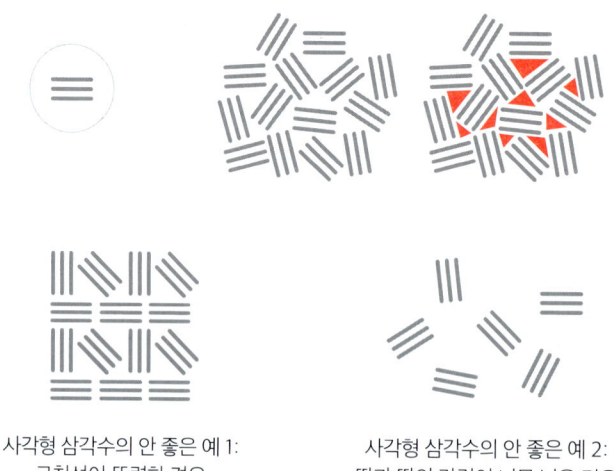

사각형 삼각수의 안 좋은 예 1:
규칙성이 뚜렷한 경우

사각형 삼각수의 안 좋은 예 2:
땀과 땀의 간격이 너무 넓은 경우

3. 다양한 삼각수 모양

삼각수의 형태와 실의 색에 따라 다른 표현을 할 수 있다.

단색

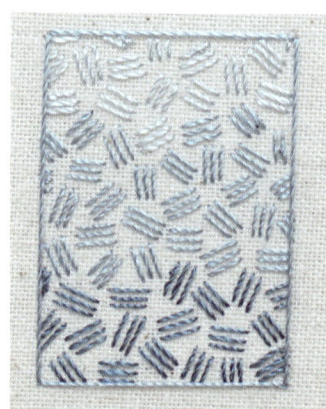

그러데이션

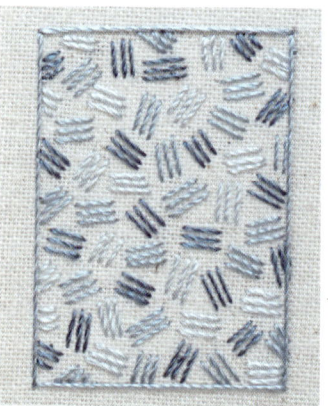

색 혼합

13. 십자수

十자 형태로 놓인 짧은 두 땀이 한 묶음으로 움직이며 넓은 면을 채우는 기법이다. 십자수를 배열하는 방법에 따라 정십자수, 난십자수, 입십자수로 나뉜다.

쓰임새: 넓은 면에 독특한 질감을 표현하는 경우

1. 정(正)십자수

땀의 길이와 방향, 간격을 일정하게 두어 넓은 면을 고르게 채운다.

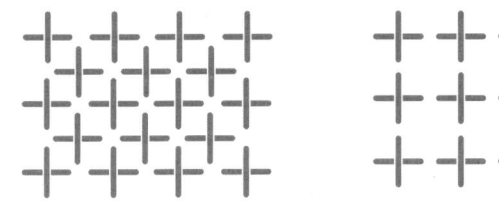

2. 난(亂)십자수

땀의 길이와 방향, 간격을 자유롭게 놓아 넓은 면을 채운다.

3. 입(立)십자수

일정한 방향으로 십자수를 놓되 땀의 길이와 간격을 조정하며 이웃하는 십자수와 겹치는 부분을 만든다. 한 땀 위에 너무 많은 땀이 반복적으로 겹치기보다 불규칙적인 간격을 두어 성글게 짠 조직 모양을 자연스럽게 내는 것이 중요하다.

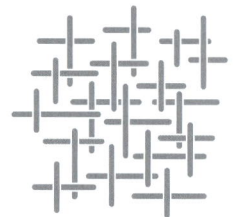

입십자수의 안 좋은 예

4. 다양한 십자수 모양

십자수의 형태와 실의 색에 따라 다른 표현을 할 수 있다.

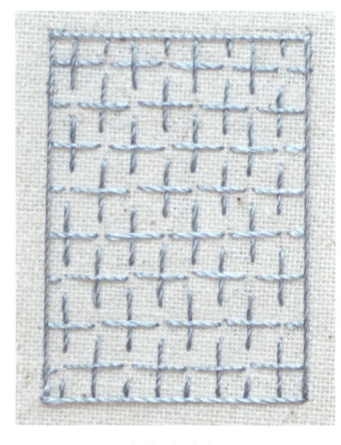

단색 정십자수

그러데이션 난십자수

색 혼합 입십자수

14. 자릿수

정교한 돗자리를 짜는 듯이 긴 땀과 짧은 땀을 규칙적으로 반복하여 다른 땀이 들어올 공간을 만들고, 그 공간에 꼭 맞게 다음 땀을 놓는 방식으로 면을 채우는 기법이다.

쓰임새: 단색 또는 여러 가지 색으로 넓은 면을 채우는 경우, 분명한 경계선을 가지고 색을 섞는 경우, 도식화된 도안

일정 길이의 긴 땀과 짧은 땀을 놓아 면을 채우는 자릿수는 수를 놓기 전에 도안에 결의 방향을 표시하는 것 외에도 어느 부분까지 긴 땀을 놓고 어느 부분까지 짧은 땀을 놓을 것인지를 정하여 경계선을 그려 놓아야 합니다. 경계선은 도안의 생김새나 수놓는 사람의 의도에 따라 규칙적으로든 불규칙적으로든 다양하게 정할 수 있습니다.

1. 3등분 두 단계로 채우기

① 도안을 등분해 놓은 선에 맞춰 짧은 땀(시작선~1번 경계선)과 긴 땀(시작선~2번 경계선)을 번갈아 놓는다. 짧은 땀과 긴 땀의 순서는 바뀌어도 상관없다.

시작선
1번 경계선
2번 경계선
끝선

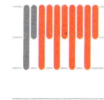

② 앞서 놓은 땀의 위치에 맞게 긴 땀(끝선~1번 경계선)과 짧은 땀(끝선~2번 경계선)을 번갈아 놓는다. 경계선에서 만나는 땀은 반드시 붙임수를 놓듯이 밟아준다. 띔수처럼 땀을 놓으면 자릿수 중간중간에 구멍이 생긴다.

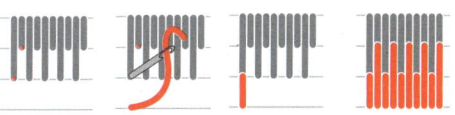

어떤 수를 놓을 때든 수의 결을 흐트러뜨리지 않고 계획한 대로 놓으려고 하겠지만, 특히 자릿수를 놓을 때에는 땀의 간격과 결의 방향에 더 주의를 기울일 필요가 있습니다. 긴 땀들 사이의 간격은 정확히 명주실 한 가닥이 들어갈 만큼이어야 하는데, 간격이 너무 벌어지면 나중에 땀을 채우더라도 빈 공간이 드러날 것이기 때문입니다. 그렇다고 한 자리에 두 땀을 넣을 수도 없습니다. 차라리 실 한 가닥의 너비보다 조금 좁은 듯하게 공간을 내는 것은 괜찮지만 넓게는 내지 않는 것이 좋습니다.

그리고 앞서 놓은 땀의 간격과 결은 이후에 놓을 수에 계속 영향을 주기 때문에 자릿수의 시작 단계를 보면 그다음 단계와 마지막 단계의 수가 어떻게 놓일지 예상할 수 있습니다. 앞 단계의 수가 비뚤어져 있으면 다음 단계를 아무리 바로 놓으려 해도 그럴 수가 없습니다. 따라서 의도한 모양대로 자릿수를 놓을 계획이라면 도안 위에 결의 방향과 경계선을 정확히 그려놓고 그 선을 반드시 지키도록 합니다.

2. 4등분 세 단계로 채우기

① 도안을 등분해 놓은 선에 맞춰 짧은 땀(시작선~1번 경계선)과 긴 땀(시작선 ~2번 경계선)을 번갈아 놓는다.

시작선
1번 경계선
2번 경계선
3번 경계선
끝선

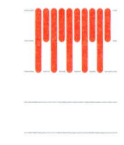

② 앞 단계의 짧은 땀 쪽에서만 시작하는 긴 땀(1번 경계선~3번 경계선)을 놓는다.

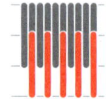

③ 짧은 땀(끝선~3번 경계선)과 긴 땀(끝선~2번 경계선)을 번갈아 놓는다.

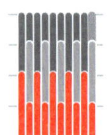

3. 5등분 세 단계로 채우기

① 짧은 땀(시작선~1번 경계선)과 긴 땀(시작선~2번 경계선)을 번갈아 놓는다.

② 앞 단계의 짧은 땀에서 시작하는 긴 땀(1번~3번 경계선)과 앞 단계의 긴 땀에서 시작
하는 긴 땀(2번~4번 경계선)을 번갈아 놓는다.

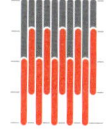

③ 긴 땀(끝선~3번 경계선)과 짧은 땀(끝선~4번 경계선)
을 번갈아 놓는다.

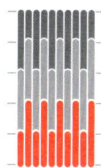

4. 다양한 자릿수 모양

자릿수는 도안 내부의 경계를 나누는 방법이나 수의 결 방향, 사용하는 자수실의 색 조합에 따라 다양한
표현을 할 수 있다.

단색   그러데이션

사선 경계선   부분 색 혼합   곡선 경계선 / 결 방향 변화

15. 자련수

불규칙적으로 놓인 긴 땀과 짧은 땀으로 다른 땀이 들어올 공간을 만들고, 그 공간에 자연스럽게 섞여 들어가는 땀을 놓아 면을 채우는 기법이다.

쓰임새: 단색 또는 여러 가지 색으로 넓은 면을 채우는 경우, 자연스럽게 색을 섞는 경우, 사실적·회화적인 도안

두 단계 이상의 과정을 거쳐 면을 채우는 자련수 역시 수를 놓기 전에 도안에 결의 방향과 경계선을 그려 놓습니다. 하지만 경계선에 맞추어 규칙적인 땀을 놓는 자릿수와 달리 자련수는 경계선을 대략적으로만 참고하여 불규칙한 길이의 땀을 놓게 됩니다. 따라서 자련수의 경계선을 정할 때에는 자련수가 다 채워졌을 때의 모습을 상상해보고 대략적인 구간을 나누는 정도의 경계선을 표시합니다.

1. 3등분 두 단계로 채우기

① 도안의 경계선을 참고하여 짧은 땀(시작선~1번 경계선 부근)과 긴 땀(시작선~2번 경계선 부근)을 불규칙적으로 번갈아 놓는다.

시작선
1번 경계선
2번 경계선
끝선

② 끝선에서부터 앞서 놓은 땀 사이사이 빈 공간을 따라 역시 불규칙하게 길고 짧은 땀을 놓는다. 이때 주의해야 할 것은 바늘땀을 끼워 넣을 때 땀과 땀 사이에 여유 공간이 있는 지점에서부터 바늘을 살짝 기울여 잡고 바탕천에 댄 채 긁어서 앞 땀들 사이를 갈라 들어가야 한다는 것이다.

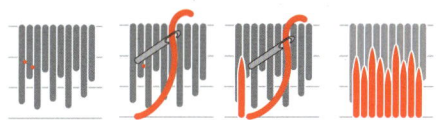

자련수를 놓을 때 긴 땀과 짧은 땀의 길이 차이가 클수록 중간에서 다른 단계의 땀들이 섞이는 모습을 한 층 더 자연스럽고 부드럽게 표현할 수 있습니다. 단, 땀 길이의 차이를 크게 만들기 위해서 짧은 땀을 더 짧게 놓는 것보다는 긴 땀을 더 길게 놓는 편이 좋습니다. 왜냐하면 다음 단계에서 바늘땀을 긁어 넣어줄 공간을 충분히 만들어 놓아야 하기 때문입니다.

2. 5등분 세 단계로 채우기

① 짧은 땀(시작선~1번 경계선 부근)과 긴 땀(시작선~2번 경계선 부근)을 불규칙적으로 번갈아 놓는다.

② 앞서 놓은 땀 사이사이 빈 공간을 따라 불규칙하게 길고 짧은 땀(1번~3번 경계선 부근이나 2번~4번 경계선 부근 등)을 번갈아 놓는다.

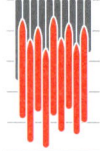

③ 끝선에서부터 앞서 놓은 땀 사이사이 빈 공간을 따라 역시 불규칙하게 길고 짧은 땀을 놓는다.

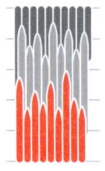

3. 다양한 자련수 모양

자련수도 자릿수와 마찬가지로 도안 내부의 경계를 나누는 방법과 결 방향, 자수실의 색 조합에 따라 다양한 표현을 할 수 있다. 그리고 색을 자연스럽게 서서히 변화시키는 데 효과적인 자련수는 꼰사보다 반푼사나 푼사로 놓았을 때 기법의 특성을 더욱 잘 살릴 수 있다.

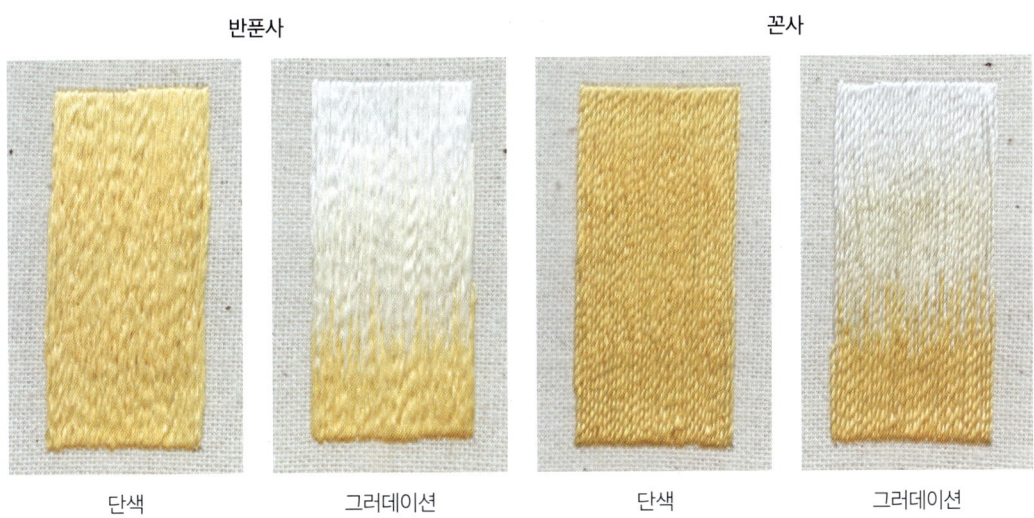

반푼사   꼰사

단색   그러데이션   단색   그러데이션

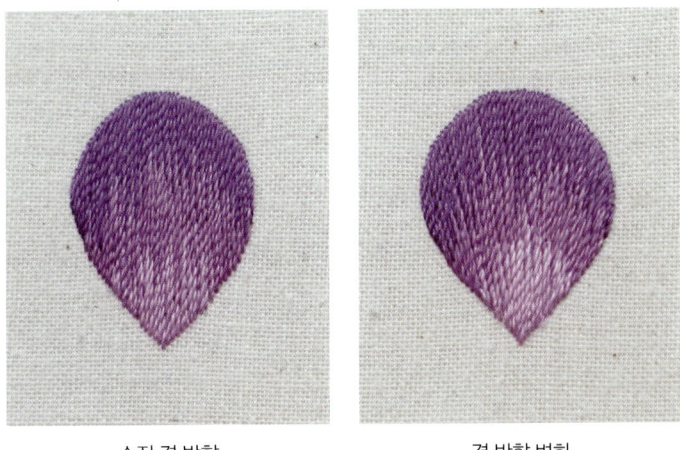

곡선 경계선

수직 결 방향   결 방향 변화

4. 자릿수와 자련수 비교

기법 / 바늘땀	자릿수	자련수
길이	경계선으로 나눠 놓은 간격에 따라 정해진 길이의 땀을 놓는다.	정해진 길이는 없으나 경계선으로 만든 간격의 길이보다 긴 땀을 놓는 편이다.
경계선 처리	땀과 땀이 마주하는 곳에서는 붙임수를 하듯이 밟아준다.	땀과 땀 사이로 깊숙이 파고든 자리에 땀을 놓는다.
밀도	평수로 면을 채울 때와 같이 바닥이 비어 보이지 않도록 촘촘하고 고르게 땀을 채운다. 정해진 자리에만 땀을 채우기 때문에 첫 단계에서 놓은 땀의 밀도가 전체 자릿수의 밀도를 좌우한다.	역시 촘촘하게 면을 채운다. 수를 놓는 단계마다 밀도가 다를 수 있으며, 자연스럽게 공간을 채울 수 있으면 어디에든 추가로 땀을 더 놓아도 된다.

16. 우련수

기법 자체는 평수를 놓는 것과 같다. 다만 두 가지 색 이상의 실을 사용하여 점차적으로 색을 섞는 방법이다.

쓰임새: 두 가지 이상의 색을 섞어 평면을 채우는 경우

그러데이션을 표현할 수 있는 방법 중에서 자릿수나 자련수는 수의 결 방향을 따라서 색을 변화시키고, 우련수는 수의 결과 반대방향으로 색을 변화시킵니다. 그리고 자릿수와 자련수는 색이 섞이는 경계선을 자유롭게 그릴 수 있지만, 우련수의 경계선은 항상 직선이기 때문에 그러데이션이 비교적 덜 자연스럽게 나타납니다. 우련수로 매끄러운 그러데이션을 표현하려면 함께 사용하는 실들의 색상 차이를 매우 조금씩만 두어야 합니다.

1. 두 가지 색 우련수

1) 한 단계에 색을 섞는 우련수

① 수의 결 방향을 정하고, 실의 색을 바꿀 지점을 표시한 후 평수를 채울 때와 같은 방식으로 먼저 첫 번째 색을 채워나간다.

② 첫 번째 색과 두 번째 색이 만나는 곳에서 두 가지 색을 한 땀씩 번갈아 섞어 놓는다. 두 실을 번갈아 놓을 때에는 한 개의 바늘로 실을 바꿔가며 놓을 수도 있고, 두 번째 색의 땀이 들어올 자리를 비워두고 첫 번째 색의 수를 모두 마무리한 뒤 두 번째 색을 시작할 수도 있다. 또한 각각의 색실을 꿴 두 개의 바늘을 동시에 사용해도 된다.

③ 남은 면을 두 번째 색 평수로 마저 채운다.

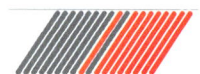

2) 여러 단계에 색을 섞는 우련수

① 경계선으로부터 다섯 땀 정도의 공간을 남기고서 첫 번째 색을 채운다.

② 첫 번째 색을 1, 두 번째 색을 2라고 할 때, 경계선 부근에 21121-21221의 순서로 번갈아 놓는다. 섞는 횟수나 땀의 개수는 자유롭게 조절할 수 있고, 대칭을 이루지 않아도 된다.

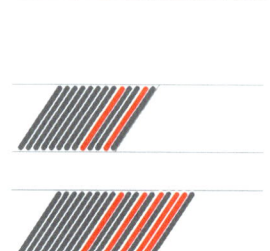

③ 나머지 두 번째 색을 평수로 채운다.

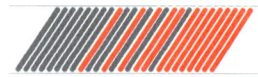

2. 다양한 우련수 모양

함께 사용하는 실의 색상, 경계선의 개수, 색이 섞이는 부분의 길이나 횟수에 따라 다양한 우련수를 놓을 수 있다.

계열 색 세 가지를 섞은 우련수

비계열 색 두 가지를 섞은 우련수

17. 느낌수

두 면의 평수 위를 가로지르는 선수를 일정한 간격으로 놓아 장식하는 기법이다.

쓰임새: 꽃, 열매, 바위 등, 면을 채우는 곳에 장식을 더하는 경우

느낌수를 놓을 때는 도안 내부를 나누는 하나 이상의 경계선을 미리 정해야 합니다. 면을 둘 이상의 구간으로 나누더라도 모든 면의 결 방향은 한 방향이나 통일성 있는 방향으로 정합니다. 다음 예시의 경계선과 결을 살펴보고 참고하기 바랍니다. 여기에서는 느낌수를 자로 잰 듯이 정확하게 놓는 방식을 설명하고 있습니다. 하지만 느낌수가 반드시 정교하게 놓여야 하는 것만은 아닙니다.

1. 기본 느낌수

① 경계선을 띔수(56쪽)로 처리하는 평수로 두 면을 모두 채운다.

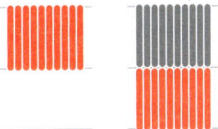

② 바탕 평수의 결과 같은 방향으로 경계선을 가로지르며 두 면을 잇는 선수를 나란히 놓는다. 선수를 놓을 때에는 반드시 바탕 평수의 땀을 밟아주어야 선수가 평수 사이에 숨지 않고 위에 얹혀 있게 된다. 일정하고 고른 모양의 느낌수를 놓을 때에는 다음과 같은 사항을 고려하여 선수를 놓는다.

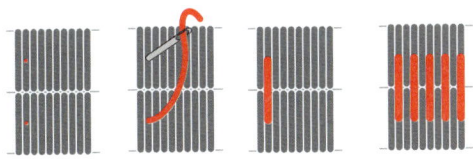 

93

- **선수의 방향**: 바탕 평수의 결과 같은 방향을 유지한다.

- **선수의 길이**: 도안의 크기에 비례하여 달라지는데, 점수로 여겨질 만큼의 짧은 땀은 피하는 것이 좋다. 너무 짧은 땀은 평수와 평수 사이의 연결성을 낮아 보이게 한다.

- **선수의 위치**: 선수 각 한 땀의 중심이 경계선에 오도록 한다.

- **선수의 간격**: 실 한 가닥 반~두 가닥 정도의 간격으로 둔다. 간격이 너무 촘촘하면 평수를 놓은 듯이 보일 수 있고, 간격이 너무 넓으면 연속성이 떨어져 보인다.

2. 이음수 장식이 들어간 느낌수

선수를 놓기 전에 평수의 경계면(띔수)에 이음수를 놓아 장식성을 한 단계 더 추가할 수도 있다.

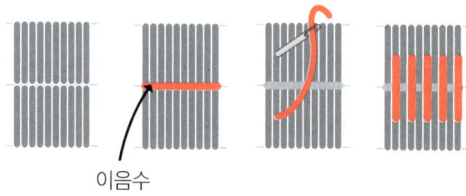

이음수

3. 다양한 느낌수 모양

느낌수는 경계선과 결 방향, 자수실의 굵기와 색에 따라 다양한 표현을 할 수 있다.

전체 계열 색

계열 색과 다른 색 혼합

½ 굵기 꼰사

두 가지 색 꼰사

* ½ 굵기 꼰사와 색꼰사는 136쪽 실 꼬는 방법 참조

곡선 경계선

수직 결 방향

결 방향 변화

4. 느낌수와 자릿수 비교

자릿수로 '4등분 세 단계로 채우기(84쪽)'와 느낌수를 비교해보면, 느낌수가 자릿수의 대체 기법으로 사용될 수 있음을 알 수 있다. 아래와 같이 동일한 도안에 실과 수의 결, 땀의 길이까지 모두 같은 조건을 가지고 하나는 자릿수를, 하나는 느낌수를 놓으면 둘이 매우 비슷해 보인다.

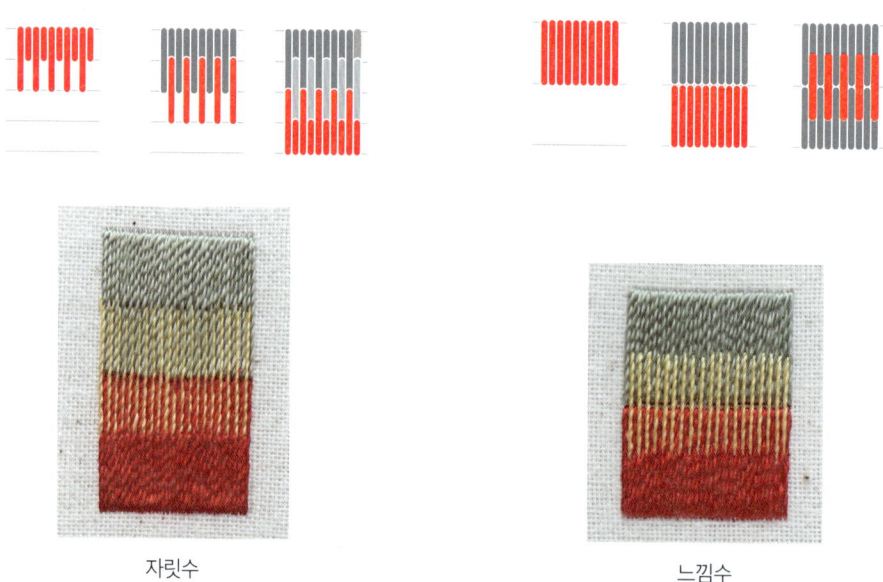

자릿수   느낌수

18. 귀갑수

거북등무늬처럼 육각형이 반복되는 그물무늬를 만드는 기법이다.

쓰임새: 거북과 현무의 등 무늬, 비단이나 도자기 등에 새겨진 육각 무늬 등

보통 귀갑수를 놓기 전 바탕에 평수를 놓고 그 위에 땀을 밟아가며 귀갑수를 놓는 경우가 많습니다. 하지만 처음 기법을 익히기 위해서 맨 바탕천 위에 연습해보는 것이 좋습니다. Y자 선수로 시작하는 것과 ─자 선수로 시작하는 것은 시작선만 다를 뿐 결국 동일한 방식입니다. 다만, 나중에 실제로 작품에서 활용하게 될 때 귀갑수가 들어갈 도안에 어울리는 모양을 선택하면 됩니다.

1. Y자 선수로 시작하는 귀갑수

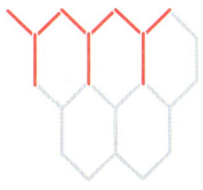

① Y자 모양 선수(46쪽)를 나란히 놓는다.

② 1에서 바늘을 올리고 바로 위에 있는 Y자의 수직선과 바탕천 사이로 통과시킨 후 3에서 내린다. 이때 땀을 바짝 당기지 말고 실의 길이를 여유 있게 둔다. 실과 바닥 사이에 바늘을 통과시킬 때에는 바늘의 뾰족한 끝보다 뭉뚝한 바늘귀를 먼저 통과시키면 바늘이 실이나 원단에 걸리는 일을 줄일 수 있다.

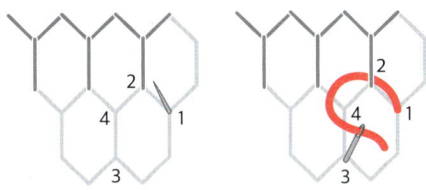
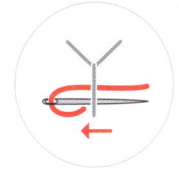

바늘귀부터 통과

③ 바늘을 4에서 올리면서 2~3의 실을 걸어 당긴다. 다음 Y자에 바늘을 통과시키고 앞 단계와 같은 순서를 반복한다. 이렇게 연속되는 Y자를 두 층으로 쌓으면 육각형의 형태가 만들어진다.

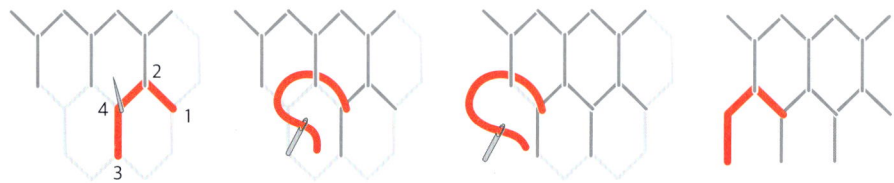

④ 아랫줄로 내려가 바늘을 움직이는 방향이 반대가 되어도 수놓는 방식은 같다.

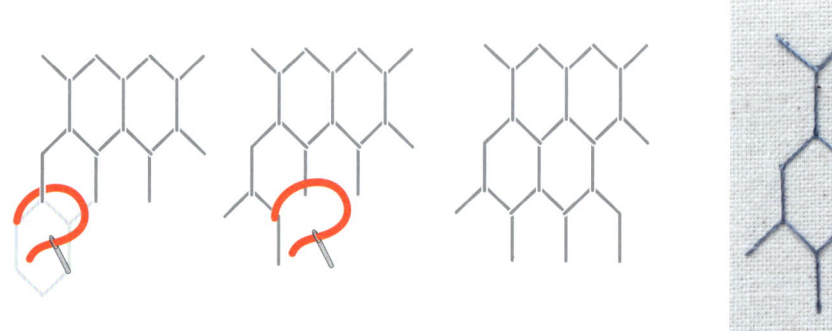
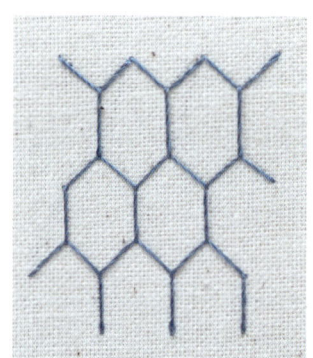

2. ─자 선수로 시작하는 귀갑수

맨 윗줄을 시작할 때 Y자 선수 대신 ─자 선수를 수직 방향으로 나란히 놓은 후 아랫줄부터는 Y자 선수로 시작하는 귀갑수와 동일한 방법으로 육각형을 만들어간다.

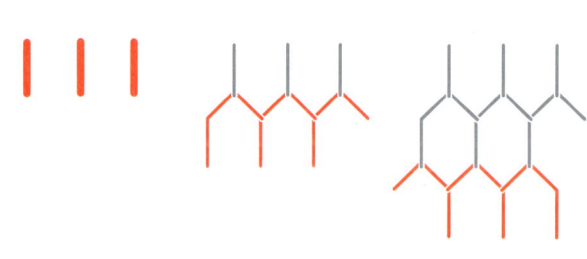
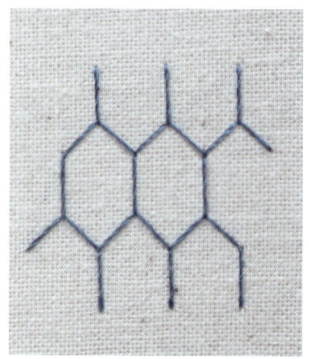

3. 귀갑수로 도안 채우는 방법

도안과 귀갑수의 크기에 따라서 온전한 육각형뿐 아니라 일부가 잘린 모양도 있을 것이다. 그럴 때에는 귀갑수 기법으로 만들 수 있는 부분을 먼저 놓은 다음에 —자·V자·Y자 선수를 놓거나 땀을 걸어줄 만한 곳에 걸어 자유롭게 나머지 부분을 완성하면 된다.

위와 같은 도안을 귀갑수로 채우는 방법은 여러 가지가 있다.

예시1 Y자 선수로 시작하는 귀갑수를 놓은 후 빈 곳을 Y자 선수나 V자, —자 선수 등으로 메운다.

예시2 시작줄에서 Y자 선수와 —자 선수를 함께 배열한 후 귀갑수를 이어나간다. 나머지 빈 곳은 마찬가지로 적절한 모양의 선수로 메운다.

4. 다양한 귀갑수 모양

귀갑수는 실 한 줄로 엮은 모습의 그물무늬 그대로 사용하기도 하지만 다양한 방식으로 장식성을 더해 사용하는 경우가 많다. 육각형 안쪽에 무늬를 채워 놓기도 하고, 귀갑수를 놓는 실 자체를 두 가지 색이 섞인 꼰사를 사용하거나 다른 색의 실 두 줄을 한 번에 바늘에 꿰어 사용하기도 한다.

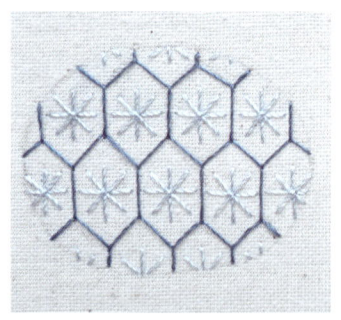

별모양 장식(솔잎수 응용)

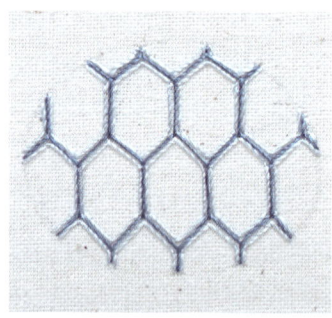

내부 육각형 장식(V자 선수 응용)

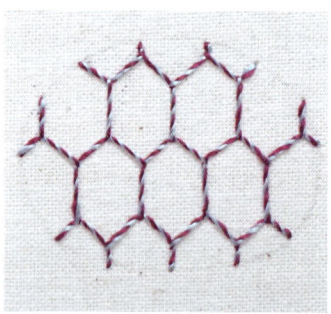

색꼰사

*색꼰사는 136쪽 실 꼬는 방법 참조

---

19. 균열수

충격으로 인해 여러 갈래로 금이 간 것처럼 불규칙한 그물무늬를 만드는 기법이다.

쓰임새: 도자기나 유리 위의 실금 무늬, 곤충 날개의 그물무늬, 고목나무 껍질의 갈라진 모양 등

—자·V자·Y자 선수 등을 이용하고 때때로 다른 땀에 실을 걸어 그물 형태를 만드는 점은 귀갑수와 비슷하지만 귀갑수가 Y자 선수를 주축으로 하여 규칙적인 모양을 만드는 것과 달리 균열수는 정해진 규칙이나 모양이 전혀 없다. 도안이나 수놓는 사람의 의도에 따라 최대한 자연스럽게 균열된 선을 표현하면 된다.

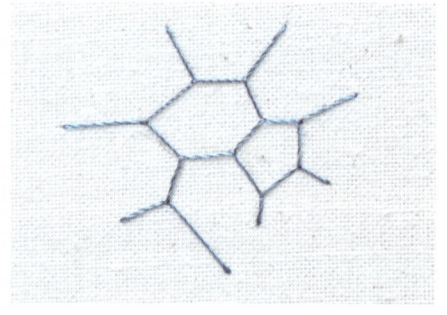

Y자 선수를 세 번 연속 이어서 놓는 방법

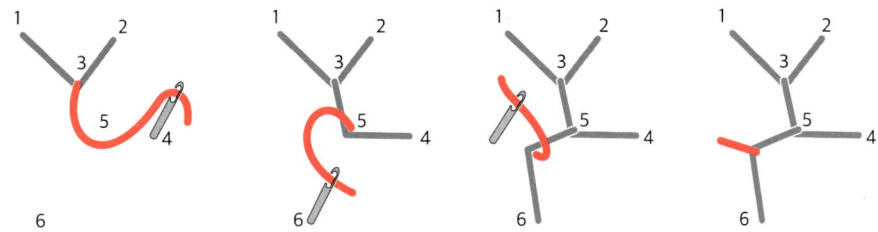

다른 땀에 실을 걸어서 한 번에 꺾인 선을 만드는 방법

다른 두 땀에 연속적으로 실을 걸어 두 번 꺾인 선을 만드는 방법

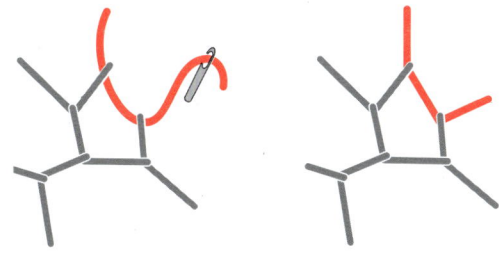

다른 땀을 바늘로 끌어당겨 각을 만드는 방법

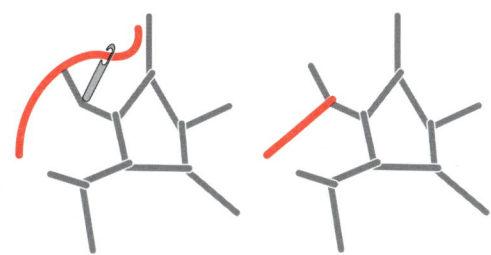

Y자 선수를 놓으면서 동시에 다른 땀에 각을 만드는 방법

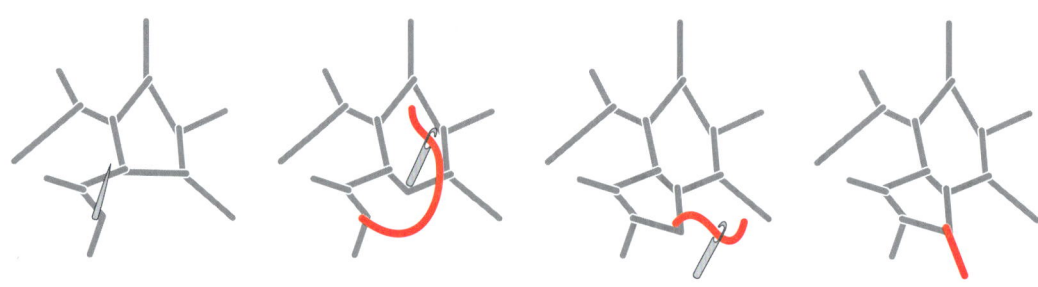

균열수도 귀갑수와 마찬가지로 바탕을 평수나 자련수 등으로 채운 후 그 위에 수를 놓을 때에는 꼭 바탕의 땀을 밟아주도록 합니다.

20. 털수

주로 가늘게 꼰 실(136쪽 실 꼬는 방법 참조)을 사용하여 일정 간격의 짧은 선수를 놓아 털의 느낌을 표현하는 기법이다.

쓰임새: 동물의 털, 식물의 줄기나 열매 표면의 잔털 등

털수를 놓으려면 먼저 도안면을 평수나 자련수, 자릿수 등으로 채워 놓아야 합니다. 도안의 외곽선을 따라 일렬의 털수를 놓는 경우에는 최종적으로 놓일 털수의 결 방향을 고려하여 도안면의 결을 정합니다.

1. 도안의 외곽선에 놓는 털수

평수 등으로 채운 도안면의 가장자리로부터 일정 간격을 두고 도안선 밖으로 뻗는 선수를 놓는다. 선수와 평수가 만나는 지점에서는 선수를 놓을 때 도안면의 끝에서 1~2mm 정도 겹쳐 올라간 지점에서 땀을 밟아 놓는다. 땀을 제대로 밟아주어야 땀이 평수 사이에 숨지 않는다. 그 밖에 다음과 같은 사항을 고려하여 털수를 놓는다.

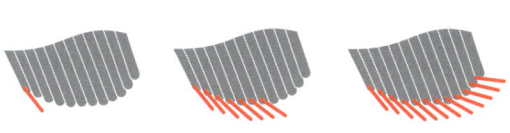 

- **털수의 방향**: 도안면을 채운 평수의 결을 따르되 평수보다 살짝 더 누운 방향으로 놓는다. 또는 도안선을 따라 자연스럽게 방향을 조금씩 틀어준다.

- **털수의 길이**: 도안의 크기에 비례하여 달라지는데, 너무 짧거나 너무 긴 땀보다는 동물의 종이나 털이 놓이는 부위에 맞게 적당한 길이로 놓는다.

- **털수의 간격**: 실 한 가닥 반~두 가닥 정도의 간격으로 둔다.

2. 도안의 전면에 놓는 털수

평수 등으로 채운 도안면 위에 땀을 밟으면서 전체적으로 털수를 놓는다. 털수의 방향은 바탕수의 결에서 살짝 틀어진 방향으로 한다. 털수의 간격도 자유롭게 놓고, 겹치는 땀이 생겨도 된다. 다만 외곽선 주변에 놓는 털수는 도안선의 흐름에 맞게 놓는다.

  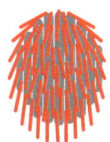 

21. 사슬수

여러 개의 고리를 한 줄로 길게 이어 만든 사슬 모양으로 수를 놓는 기법이다.

쓰임새: 테두리 선, 면 채우기 등

1. 열린 고리로 시작하는 사슬수

① 바늘을 1에서 올리고 2에서 내리면서 만들어진 고리를 놓
치지 않도록 한 손으로 잡아준다.

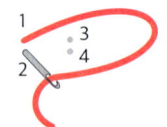

② 고리 안쪽에서 바늘을 3에서 올리고 4에서 내려 새로운 고리를 만든다(3과 4의 순서는 바뀌어도 된다).
잡고 있던 첫 번째 고리에서 손을 떼어 새로운 고리를 잡고, 앞 고리와 연결된 실 한쪽 끝을 살살 당기
면서 첫 번째 고리의 크기를 조절한다.

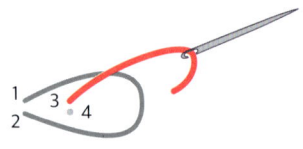 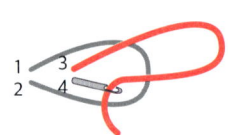 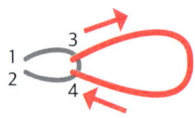

③ 두 번째 고리 안쪽에서 바늘은 5에서 올리고 6에서 내려 새로운 고리를 만든다. 같은 방식으로 반복해
서 사슬 모양을 만든다.

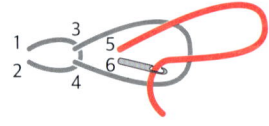 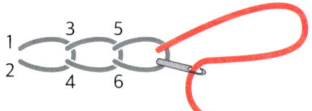

④ 마지막 고리는 미리 크기를 조절한 후 한 땀 또는 여러 땀의 점수로 고정시킨다. 점수는 고리의 안쪽에서 바깥쪽으로 놓아도 되고, 그 반대로 놓아도 된다.

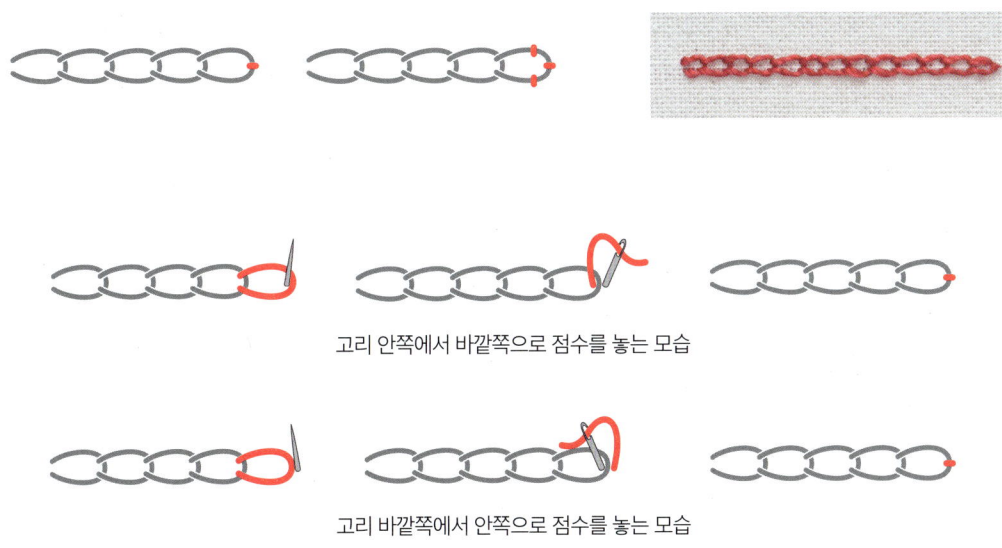

고리 안쪽에서 바깥쪽으로 점수를 놓는 모습

고리 바깥쪽에서 안쪽으로 점수를 놓는 모습

곡선을 놓는 방법은 직선과 모두 동일하고, 다만 도안선이 움직이는 방향에 맞게 사슬의 방향을 틀어주면 된다.

매번 새로운 고리를 만들기 전까지는 지금 잡고 있는 고리를 놓치지 않는 것이 좋습니다. 그리고 새 고리가 만들어지면 먼저 잡고 있던 고리 대신 반드시 새로 생긴 고리를 잡아주어야 합니다. 잡고 있어야 할 고리를 제대로 잡아주지 않으면 다음 고리가 만들어지지 않거나, 또 그로 인해 앞의 다른 고리들까지도 풀어지는 문제가 생길 수도 있기 때문입니다. 특히 마음에 들지 않는 땀을 풀다가 문제가 발생하기 쉬우므로 땀을 풀 때에는 풀리지 말아야 할 부분을 시침핀 등으로 미리 고정시켜 놓으면 도움이 됩니다.

2. 닫힌 고리로 시작하는 사슬수

① 열린 고리로 시작하는 법에서 마지막 고리를 만든 것처럼 첫 번째 고리를 점수로
　고정시킨다.

② 4에서 올린 바늘을 앞 고리와 바탕천 사이로 통과시킨 후 5에서 내린다. 바늘을 통과시킬 때 뭉뚝한 바
　늘귀를 앞으로 하여 통과시키면 중간에 실이 걸릴 염려가 없어 편하다.

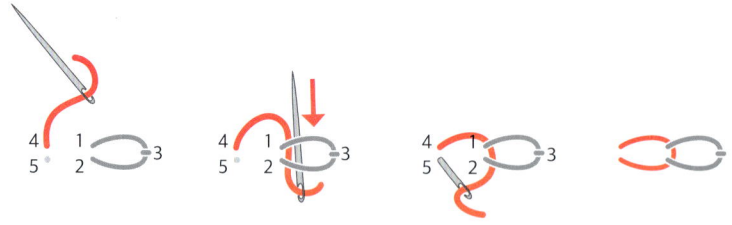

③ 같은 방식으로 반복해서 사슬 모양을 만든다.

열린 고리나 닫힌 고리, 어느 쪽부터 시작해도 결국 완성된 사슬수의 모습은 같거나 비슷합니다. 하지만
수를 놓는 과정에서 손과 바늘의 이동 방향이 다릅니다. 열린 고리로 시작하는 방법은 바늘의 주요 이동
방향이 수직 방향인 것과 달리 닫힌 고리로 시작하는 방법은 수직 이동뿐 아니라 수평 이동까지 합니다.
이런 운동 방향의 차이를 알고 도안이나 개인의 편의에 따라 적절한 방법을 골라 사용하면 됩니다. 예를
들어, 사슬수를 놓을 자리 가까이에 이미 놓인 다른 수들이 많다면 바늘을 바닥에 대고 좌우로 움직이는
것보다는 수직 방향으로만 움직이는 것이 훨씬 편할 것입니다.

3. 사슬수 활용하는 방법

1) 각진 모서리 부분의 사슬수

모서리의 한쪽 끝에서 사슬수를 마무리한 후 마지막 고리 안쪽에서부터 바뀐 방향으로 새로운 사슬수를
시작한다.

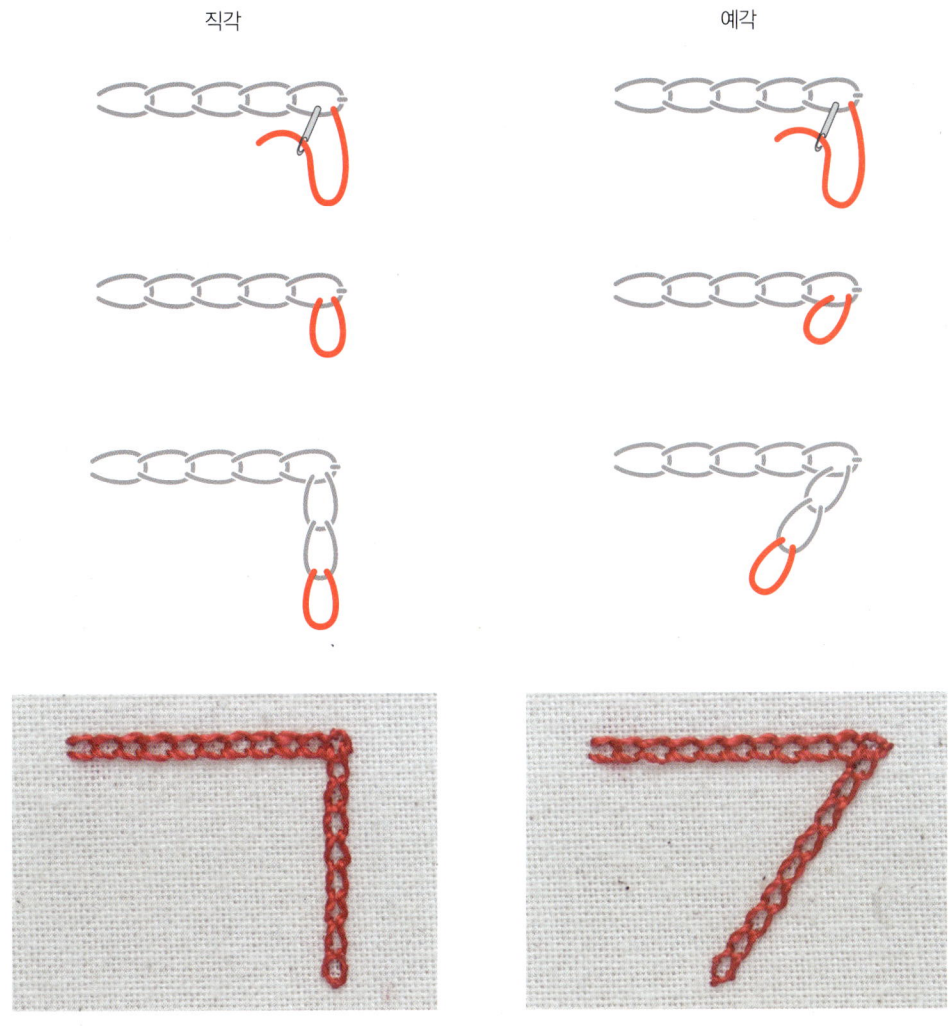

2) 시작과 끝이 연결된 사슬수

시작점과 끝점이 같은 경우, 마지막 고리는 첫 번째 고리와 바탕천 사이를 통과시켜 만든다.

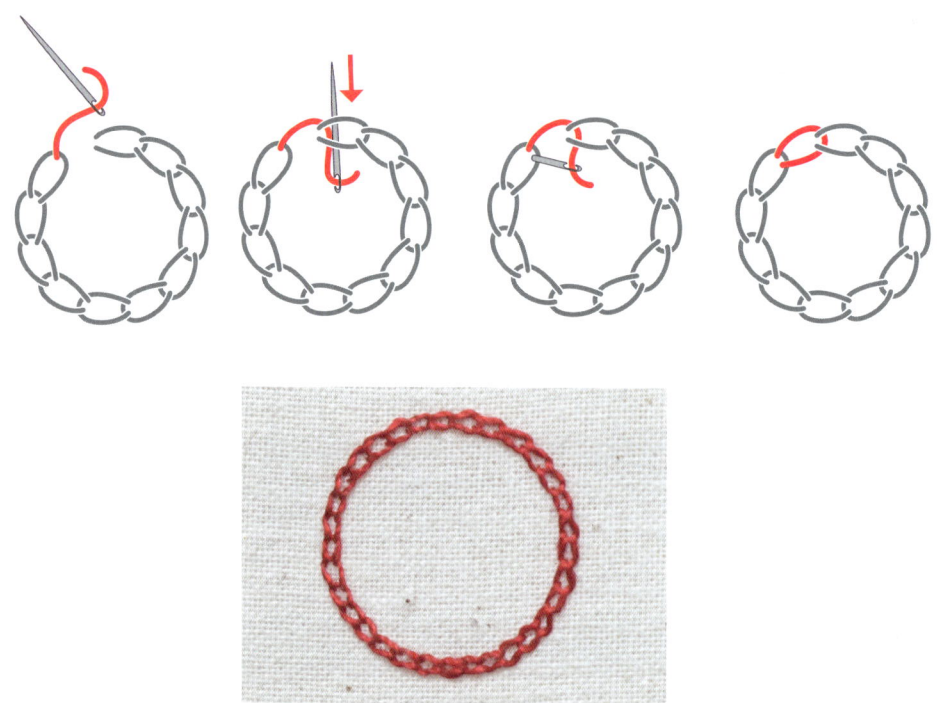

3) 면을 채우는 사슬수

사슬수는 선의 형태를 만드는 기법이지만 면의 내부를 사슬수로 가득 채워 독특한 질감을 표현하기도 한다. 도안의 가장자리부터 채우거나 중심부터 채울 수 있는데, 복잡한 모양의 도안을 채울 때는 가장자리부터 시작하는 것이 좋다.

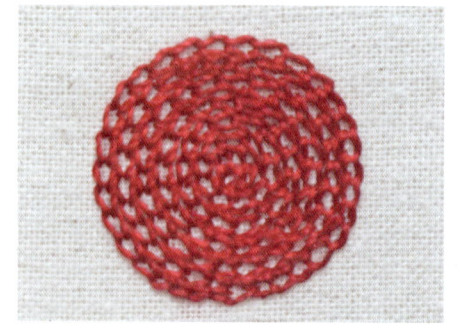

4. 다양한 사슬수 모양

사슬수의 모양은 고리의 길이와 너비에 따라 달라진다. 곡선이나 복잡한 모양의 선을 사슬수로 놓을 때에는 고리의 길이가 짧을수록 좋다. 그리고 고리의 너비가 커질수록 네모꼴의 각진 고리가 만들어져 사다리 같은 모양의 사슬수가 된다.

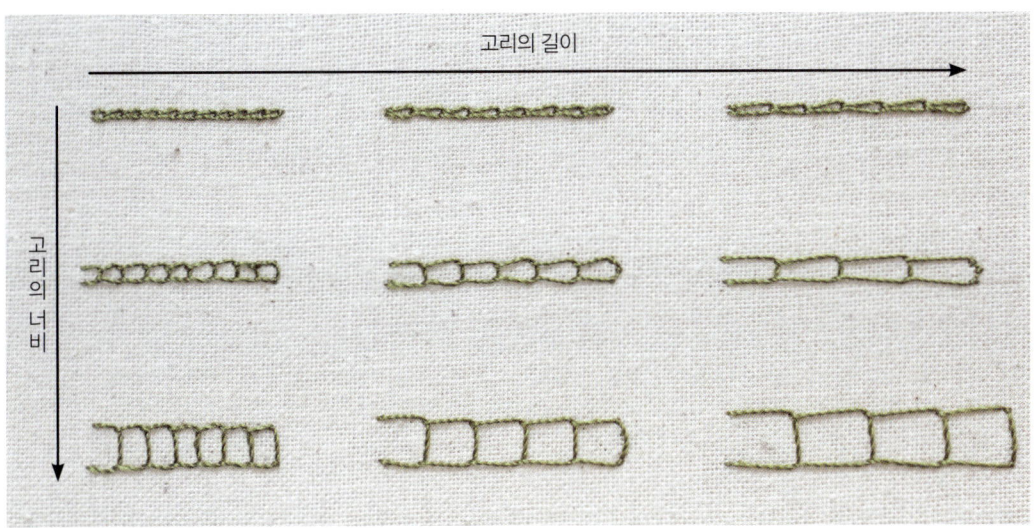

22. 징금수

'징그다(옷에 다른 천을 덧대어 듬성듬성한 바느질로 꿰맨다는 의미의 동사)'에서 온 이름처럼 어떤 실이나 다른 재료를 바탕천 위에 올려두고 다른 실로 중간중간 땀을 놓아 고정시키는 기법이다.

쓰임새: 테두리 선, 면 채우기

1. 징거지는 실과 징그는 실

징금수는 직접 바늘에 꿰어 사용하기에는 다소 불편한 재료로 수를 놓을 때 바느질이 용이한 실의 도움을 받아 바탕천에 고정시키는 기법입니다. 고정이 되는 실과 고정하는 실의 역할과 특성에는 차이가 있지만, 각자에 사용되는 실의 종류가 한정되는 것은 아닙니다. 그렇지만 대표적으로 사용되는 몇 가지 재료가 있어 따로 소개합니다.

설명의 편의를 위해 징그는 역할을 하는 실을 '징금사'라고 하고, 징거지는 실은 '피징금사'라고 하겠습니다.

1) 피징금사(징거지는 실): 금 · 은사, 굵은 꼰사 등

① 금사 · 은사

징금수의 가장 대표적인 재료인 금 · 은사는 여러 가닥의 얇은 실에 폭이 좁은 금 · 은박 종이를 감아 만든 형태이다. 금 · 은사를 다룰 때에는 금 · 은박이 구겨지거나 풀어지지 않도록 주의해야 한다. 보통 긴 타래로 만들어지는 금 · 은사는 필요한 만큼 잘라 쓰거나 실패에 감아두고 사용한다.

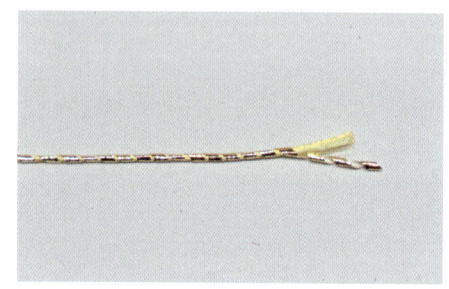

금 · 은사를 감아두는 실패는 납작하거나 둥근 모양의 일반적인 실패와 생김새가 약간 다릅니다. 금 · 은사는 종이에 감겨 있어 일반 실보다 뻣뻣하기 때문에 원통형의 실패에 감아 놓으면 쉽게 풀어집니다. 또

납작한 실패에 감아 놓고 사용하면 실의 표면과 외부와의 접촉이 잦아 금·은박이 손상될 수 있습니다.
그래서 보통 오른쪽 사진과 같이 네모난 모래시계 모양의 나무 실패를 사용합니다. 안쪽으로 패인 중앙부에 실을 감아 외부와의 마찰을 막고, 양끝에 각진 부분이 다리 역할을 하여 실패가 굴러가거나 실이 쉽게 풀리지 않도록 도와줍니다. 이런 형태의 나무 실패를 흔히 '고마'

라고 부르는데, 이 단어는 아마도 예전에 나무를 깎은 것에 실을 감아서 놀던 팽이를 뜻하는 일본어 "独楽 (こま, koma)"에서 나온 말을 그대로 쓰는 것이 아닐까 생각합니다.

금·은사는 다양한 굵기와 색상이 있다. 굵기는 보통 1호(약 0.2mm 굵기)부터 6호(약 1mm)가 많이 사용되는데, 호수와 굵기 체계가 정확히 표준화되지 않은 경우가 많으니 호수보다는 실제 굵기를 확인하여 사용하는 것이 좋다. 색상은 같은 금사 안에서도 색이 더 밝거나 어두운 것, 더 붉거나 푸른 것이 있을 수 있고, 광택이 많은 것과 덜한 것, 없는 것이 있으므로 역시 실물을 확인하는 것이 중요하다.

만일 금사를 바늘에 꿰어 바느질하면 금박 종이가 구겨져 광택을 잃기도 하고, 실과 금박이 분리되어 헝클어질 수 있다. 따라서 금사의 형태와 광택을 유지하면서 바탕천에 고정하기 위해서는 징금사가 따로 필요하다. 징금사로 금사를 징거주면 금사의 표면이 외부와 직접적으로 마찰하는 것을 막아 금박이 손상되거나 떨어져 나가는 것을 방지하는 효과도 있다. 특히 옛날 왕실에서 사용하던 것처럼 진짜 금을 입힌 금사를 사용하는 경우라면 그 역할이 더욱 중요할 것이다.

② 굵은 꼰사

바늘에 꿰어 바느질하기에 어려울 정도로 굵은 실 역시 다른 실의 도움을 받아 바탕천에 고정할 수 있다. 굵은 꼰사는 시중에 판매되는 것을 사용할 수도 있지만, 원하는 굵기와 색상, 꼬임 정도를 가진 실은 직접 꼬아 사용해야 할 것이다(굵은 실 꼬는 법은 136쪽 실 꼬는 방법 참조).

2) 징금사(징그는 실): 명주실 꼰사, 견봉사 등

함께 수를 놓는 피징금사에 맞게 징금사를 선택하는데, 그중에서도 피징금사만을 부각시킬지, 피징금사와 징금사 모두 돋보이게 할지에 따라 달라질 것이다.

징금사로 놓은 땀을 눈에 띄지 않게 하고 피징금사만 보이게 하고 싶은 경우, 징금사의 색은 피징금사와 같거나 비슷한 색으로 하고, 굵기는 일반 꼰사 굵기의 반 정도로 가늘게 한다. 예를 들어, 금사를 징글 땐 노란색의 가는 실을 사용하고, 은사를 징글 땐 흰색의 가는 실을 사용한다.

굵기가 가는 실은 일반적으로 사용하는 명주실의 반 가닥이나 그보다 더 적은 분량으로 꼰사를 만들어 사용할 수도 있고(가는 실 꼬는 법은 136쪽 실 꼬는 방법 참조), 견봉사(재봉용 견사)를 사용할 수도 있다. 일반 수예점이나 바느질 관련 부자재 상점에서 쉽게 구할 수 있는 견봉사는 일반적으로 세 올이 합쳐져 한 가닥의 실을 이루고 있는데, 가장 가는 호수의 견봉사보다 더 가는 실을 사용하고 싶다면 세 올 중 한 올을 뽑아버리고 나머지 두 올만 사용할 수도 있다.

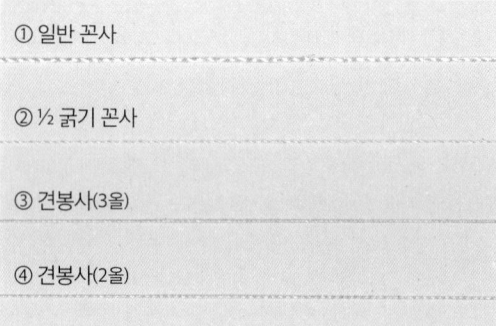

① 일반 꼰사
② ½ 굵기 꼰사
③ 견봉사(3올)
④ 견봉사(2올)

징그는 땀을 눈에 띄게 하여 장식적인 효과를 내는 경우, 표현하고 싶은 느낌에 따라 다양한 색상과 굵기의 실을 사용할 수 있다. 피징금사와 다른 색의 실로 징금수를 놓을 때에는 땀의 각도와 간격, 그리고 징근 땀들이 모여 만들어지는 전체적인 모양에도 주의를 기울이도록 한다.

2. 금사 한 줄 징금수

1) 직선과 곡선 징금수

① 금사에 1~2cm 정도를 여유분으로 둔 채 시작점에 위치시킨다. 이 여유분은 나중에 바늘구멍에 꿸 것이므로 이 기법이 익숙하지 않다면 여유분을 조금 더 길게 두는 것이 좋다. 시작점에서 징금사로 점수를 놓아 금사를 고정시킨다. 고정력을 높이기 위해 시작점과 끝점은 같은 자리에서 두 번씩 징거주면 더 좋다. 금사가 충분히 굵다면 제일 첫 땀을 놓을 때 금사의 중앙을 관통해주는 것도 좋은 방법이다.

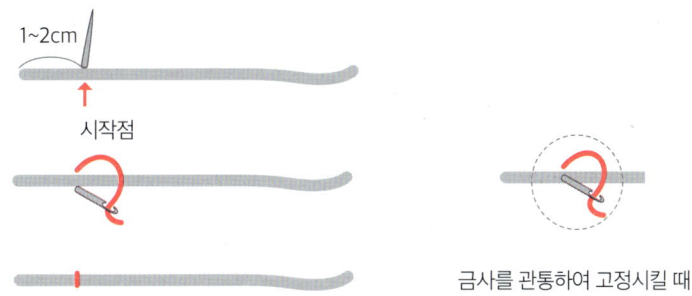

금사를 관통하여 고정시킬 때

② 도안선에 맞게 금사를 두고 일정한 간격으로 점수를 놓아 징거준다. 도안의 모양대로 금사가 잘 고정되게 하려면 점수를 많이 둘수록 좋겠지만, 점수의 간격이 너무 촘촘하면 금사의 표면에 징금사로 덮는 부분이 많아져서 금사의 광택을 많이 가리게 된다. 그래서 적당한 간격을 유지하는 것이 좋은데, 보통 2~3mm 정도의 간격이면 적당하다. 도안선이 직선이나 완만한 곡선일 경우에는 이보다 더 넓은 간격으로 둘수도 있고, 굽은 정도가 심한 곡선일 경우에는 간격을 더좁혀줄 수도 있다.

③ 끝점까지 다 징거주고 마무리 점수까지 근처에 보이지않도록 놓는다. 시작점에서와 마찬가지로 금사의 끝에1~2cm 정도의 여유분을 두고 자른다.

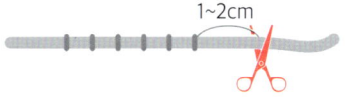

④ 시작점에 남겨둔 금사 여유분을 바탕천 뒷면으로 빼어 마무리한다. 금사의 굵기에 맞는 바늘을 시작점에 반쯤 꽂아 놓고 금사를 바늘귀에 꿰어 넣는다. 이때 한 손으로는 수틀 아래에서 바늘이 움직이지 않도록 잡아주는 것이 좋다. 그리고 금사를 바늘에 꿰기 전에 끝부분을 깔끔하게 정리하고 손끝으로 납

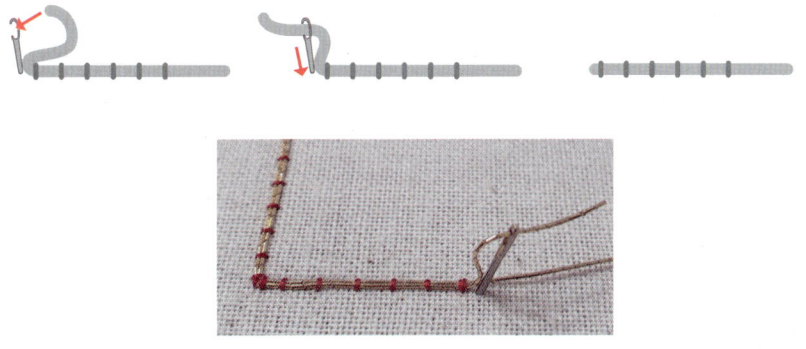

작하게 눌러주면 훨씬 쉽게 바늘구멍에 넣을 수 있다. 금사의 실과 금박 부분이 모두 바늘에 꿰어졌는지 확인한 다음 바늘을 아래로 힘 있게 잡아당기면 금사의 여유분이 바탕천 뒷면으로 빠진다. 뒤로 빼낸 금사가 너무 길면 다른 수를 놓을 때 방해가 될 수도 있고, 반대로 너무 짧으면 금사가 앞으로 빠질 수도 있다. 그러므로 1cm 정도의 길이로 다듬어주고 마무리한다. 그 밖에 뒷면의 금사를 묶거나 징그는 등의 추가적인 일은 하지 않아도 된다.

⑤ 끝점에 남긴 금사도 시작점과 같은 방식으로 마무리한다.

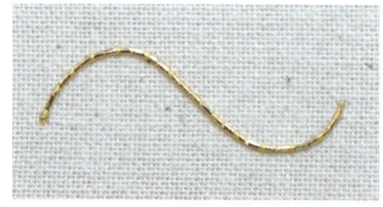

⑥ 곡선을 놓는 방법은 직선과 동일하다. 다만, 징거주는 땀의 방향이 각각 그 자리의 금사와 직각을 이루도록 신경 쓴다. 징금사와 피징금사의 색상이 비슷한 경우에는 티가 잘 나지 않지만, 서로 색이 다른 경우에는 징거주는 땀의 결이 눈에 잘 띈다.

곡선에 맞게 땀의 방향을 바꿔준 징금수

불규칙한 방향의 땀으로 놓은 징금수

2) 모서리 부분의 징금수(116쪽의 그림 참조)

① 직각, 예각 만들기

직각이나 예각으로 꺾이는 모서리를 잘 살리기 위해서는 꼭짓점 부분에 새발 모양으로 세 땀을 놓아준다. 금사를 꺾기 직전과 꺾는 지점(꼭짓점), 꺾은 직후에 한 땀씩 징거주는 것이다. 이렇게 세 땀이 받쳐주지 않고 꺾는 지점만 징거주면 각이 날카롭지 않고 뭉뚝한 모양이 되기 쉽다.

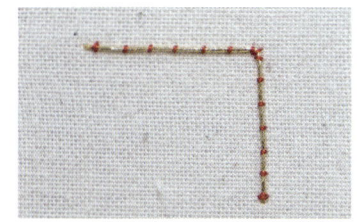

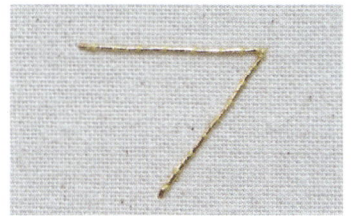

② 180도 꺾기

금사의 진행 방향을 180도 꺾어 되돌아갈 때에도 역시 꺾기 직전과 꺾는 지점, 꺾은 직후에 한 땀씩 놓아주는데, 다만 꺾은 직후에 놓는 땀은 나란히 놓인 금사 두 줄을 한꺼번에 감싸 징거준다. 그리고 계속해서 두 줄이 나란히 겹쳐 놓이는 부분은 두 줄을 동시에 징거준다. 징그는 위치는 앞서 징근 땀과 같은 위치에 맞추는 것이 좋다. 그래야 금사의 표면을 덜 가리고 깔끔해 보이기 때문이다.

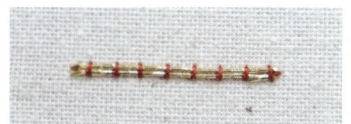

③ 고리 장식 만들기

금사 징금수로 도안의 테두리를 두를 때 모서리 부분에 고리를 만들어 장식을 더해줄 수 있다.

각을 만들어줄 때와 같이 새발 모양으로 세 땀을 놓는데, 꺾기 직전에 한 땀을 놓은 후 금사를 한 바퀴 돌려 고리를 만들고 교차점(각이 꺾인 지점)에서 금사 두 줄을 동시에 징거준다. 금사를 조금씩 당기며 고리의 크기를 적당히 조정하고 각이 꺾인 직후의 지점을 징거준다. 뭉뚝한 바늘귀 쪽을 고리 안쪽에 넣어 돌려주면 고리 모양을 둥글게 정리해줄 수 있다.

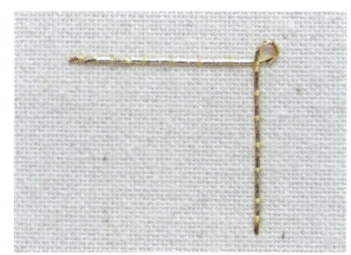

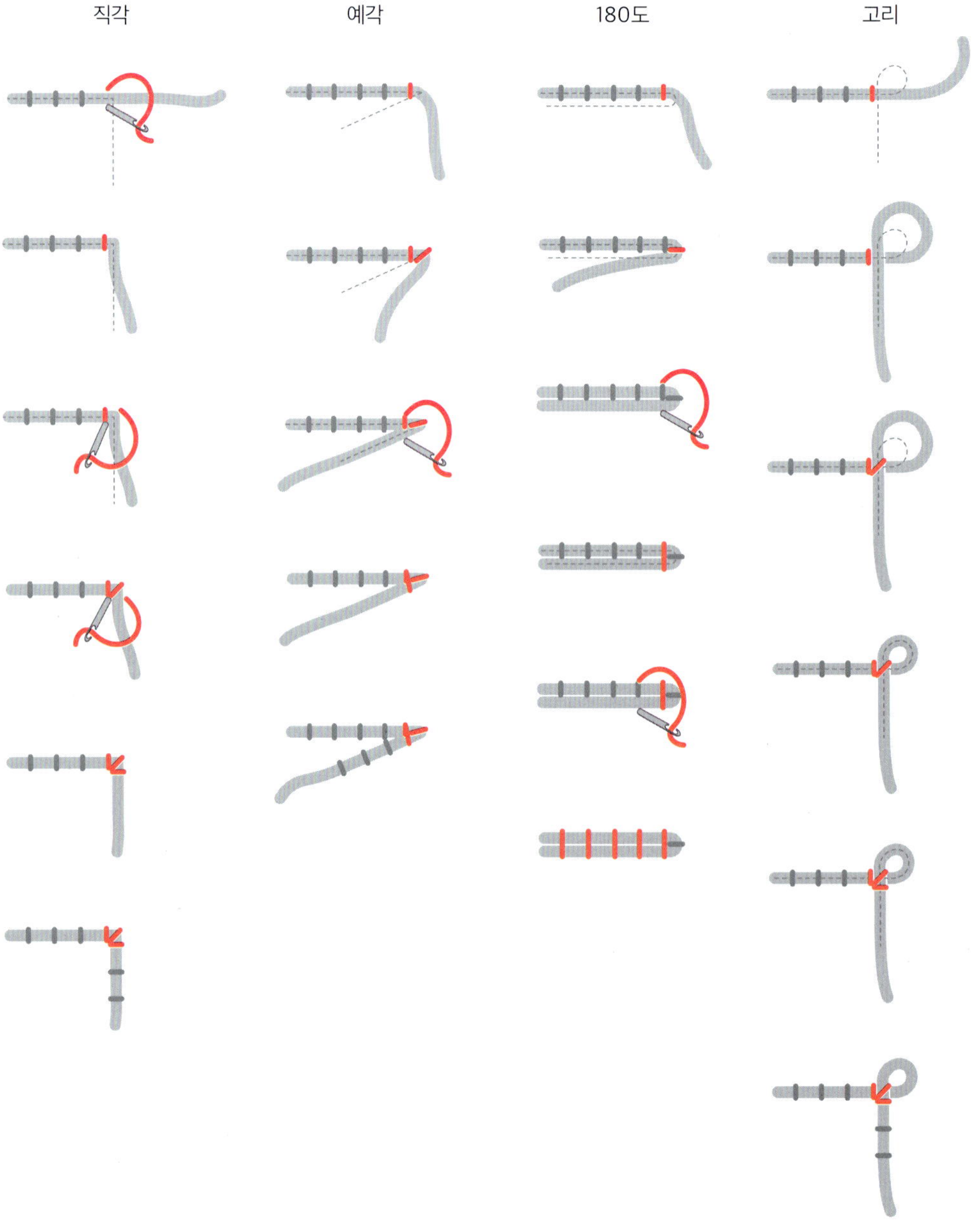

직각	예각	180도	고리

모서리 부분에 한 땀만으로 징글 때와 세 땀으로 징글 때의 차이

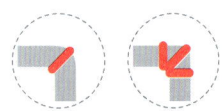

3. 금사 두 줄 징금수

1) 직선과 곡선 징금수

한 줄을 징글 때와 같은 방법으로 도안선을 따라 금사 두 줄을 나란히 두고 점수 한 땀에 두 줄을 동시에 징근다. 두 줄의 위치가 중간에 뒤바뀌어 꼬이지 않도록 신경 쓴다.

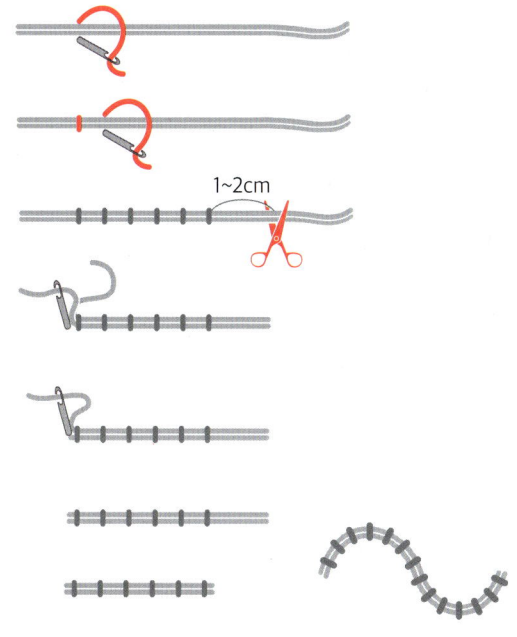

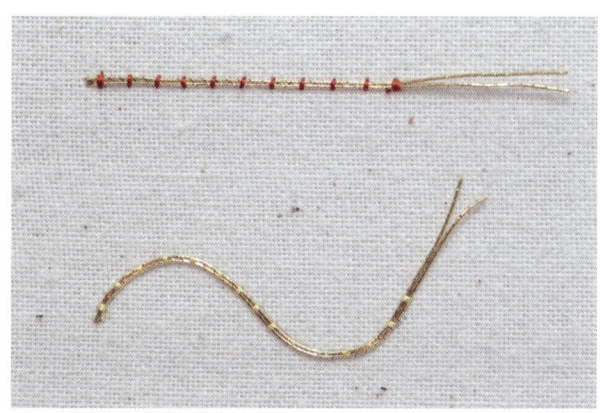

2) 모서리 부분의 징금수(119쪽의 그림 참조)

① 직각, 예각 만들기

직각보다 넓은 각은 한 줄 징금수에서 각을 만드는 방법과 같은
방식으로 해도 어느 정도 모양을 낼 수 있다. 하지만 좁은 각을
날렵하게 만들기 위해서는 금사를 꺾기 직전까지 두 줄을 동시에
징그다가 꺾는 지점에서 바깥쪽 금사만 징거주거나 바깥쪽, 안쪽
을 각각 징거주고, 꺾인 직후에는 다시 두 줄을 합쳐 징근다.
아주 좁은 각을 만들 때에도 꺾는 지점에서 바깥쪽 금사와 안쪽
금사를 각각 따로 징거주는데, 바깥쪽 금사의 꺾이는 부분을 새
발 모양으로 세 땀을 징근다.

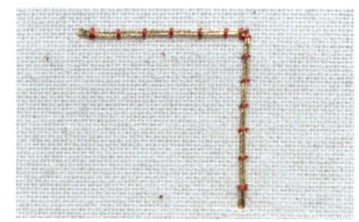

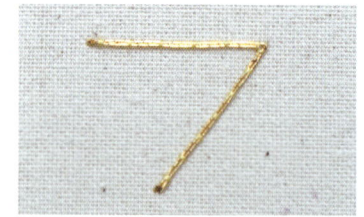

② 180도 꺾기

한 줄을 180도 꺾는 방법과 동일한데, 다만 꺾는 지점에서 바깥
쪽 금사와 안쪽 금사를 각각 징거주면 좀 더 안정적인 모양을 만
들 수 있다.

③ 고리 장식 만들기

한 줄로 고리를 만드는 방법과 비슷한 방식으로 하되, 일반적으
로 바깥쪽 금사로만 고리를 만든다. 고리를 만든 후 교차점을 고
정시킬 때에는 금사 두 줄을 동시에 징거도 되고, 고리를 만든 금
사만 징그거나 각각 징거도 된다. 고리를 만들고 나서 금사 두 줄
이 다시 나란히 합쳐질 때 바깥쪽 안쪽의 순서가 바뀌게 할 수도
있고, 바뀌지 않게 할 수도 있다.

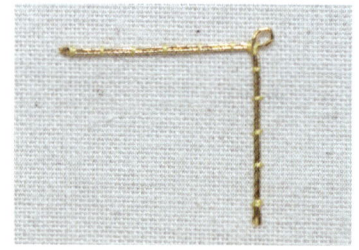

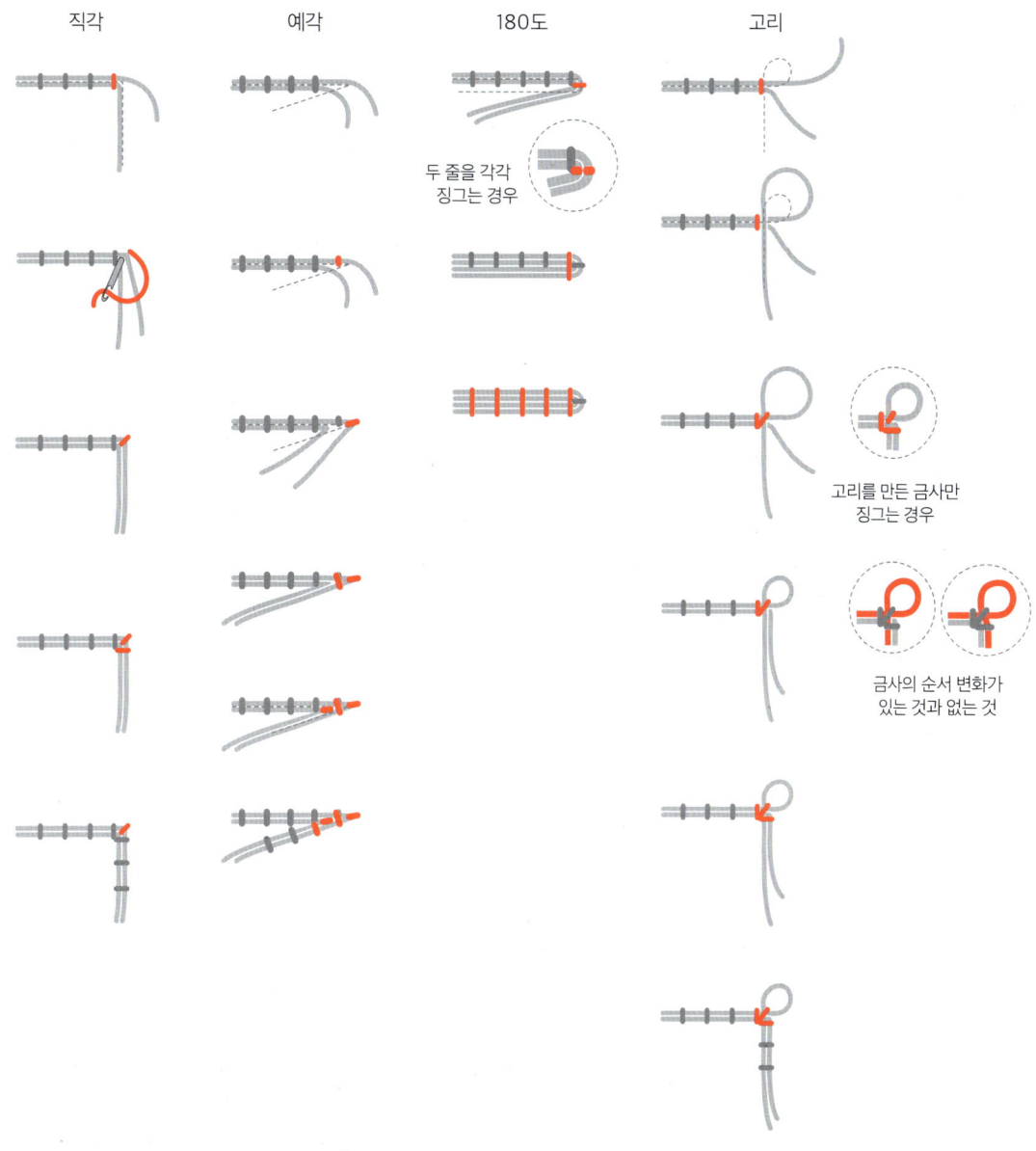

직각   예각   180도   고리

두 줄을 각각
징그는 경우

고리를 만든 금사만
징그는 경우

금사의 순서 변화가
있는 것과 없는 것

4) 한 줄 징금수와 두 줄 징금수 비교: 징금수로 테두리 두르기

징금수는 이음수와 함께 도안의 외곽선과 윤곽선을 두르는 데 많이 사용되는 기법입니다. 특히 금사 징금수로 놓은 테두리는 조선시대 궁중자수의 큰 특징 중 하나로, 정갈하면서도 고급스러운 화려함을 더합니다.

작품이나 수놓는 사람의 의도에 따라 금·은사의 굵기와 가닥 수를 선택하여 사용할 수 있는데, 여러 갈래로 복잡하게 나뉘는 윤곽선이 많은 도안의 경우에는 두 줄 징금수를 놓는 것을 추천합니다. 두 줄 징금수는 한 줄 징금수보다 금사를 끊어가는 부분을 줄일 수 있어서 금사의 끝부분을 처리하는 수고도 덜고, 수의 뒷면을 더 깔끔하게 만들 수 있으며, 금사를 아껴 쓸 수 있는 장점이 있습니다. 아래의 예시로 '균일한 두께의 테두리를 두르는 것'과 '중간에 끊는 부분을 최소화하는 것', 두 가지에 초점을 두고 한 줄 징금수와 두 줄 징금수를 비교해보겠습니다.

1) 한 줄 징금수와 두 줄 징금수의 테두리 모양

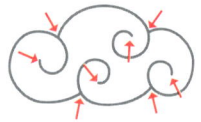

한 줄로 끊어서 놓는 경우

한 줄로 이어서 놓는 경우

두 줄로 이어서 놓는 경우

① 금사 한 줄로 끊어서 놓는 경우

위와 같은 구름 도안에 금사 한 줄로 동일한 두께의 테두리를 두르려면 네 개의 선을 개별적으로 둘러야 한다. 그러면 금사의 끝처리는 하나의 선당 두 번씩, 총 여덟 번을 해야 하기 때문에 그만큼 바탕천 뒤로 튀어나오는 금사도 많고, 마무리하는 데 손이 많이 간다.

② 금사 한 줄로 이어서 놓는 경우

끝처리는 시작점과 끝점(시작점으로 되돌아온 지점)에서 한 번씩, 총 두 번뿐이다. 그렇지만 도안 안쪽으로 꺾여 들어가는 부분에서는 금사가 두 겹이 된다.

③ 금사 두 줄로 이어서 놓는 경우

끝처리는 시작점과 끝점에서만 두 번씩, 총 네 번을 하면서 전체가 모두 두 줄로 둘러지는 테두리를 만들 수 있다.

위의 세 가지 경우를 비교해보면 넓은 면적에 걸쳐 복잡한 모양으로 징금수 테두리를 두를 때 두 줄로 두르는 것이 효율적임을 알 수 있습니다. 물론 반드시 한 줄로 두르고 싶거나, 금사를 중간에 끊어가는 데 부담을 느끼지 않는다면 어떤 방식을 선택해도 무방합니다.

2) 두 줄 징금수로 테두리 두르는 방법

① 도안선의 흐름을 살펴 임의로 시작
점과 끝점을 정한 다음 수놓기를
시작한다. 보통 선이 꺾이거나 끊
기는 지점을 선택하는 것이 좋다.

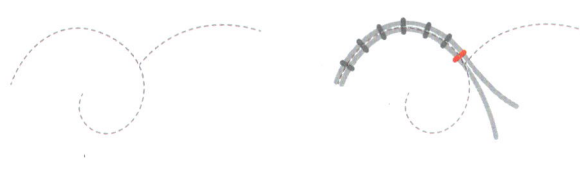

② 도안선이 두 갈래로 나뉘는 지점에
서 선이 구부러진 쪽에 가까운 금
사만 도안선을 따라 한 줄로 들어
갔다가 180도 방향을 틀어 되돌아
나온다. 그동안 다른 금사 한 줄은
그대로 둔다.

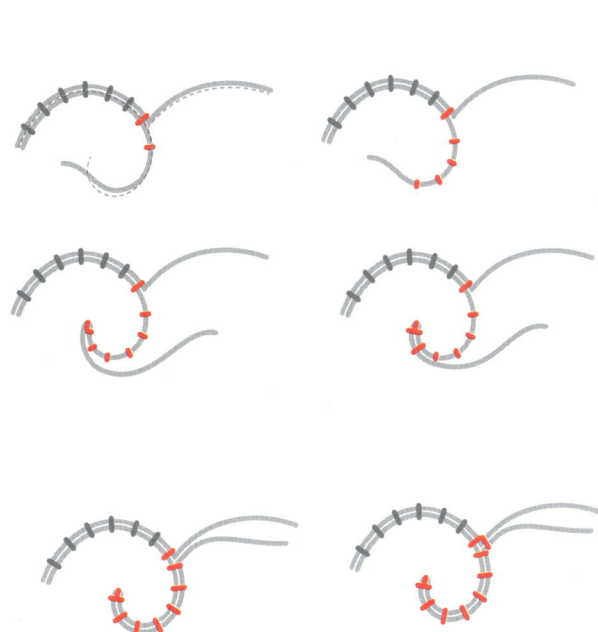

③ 모서리 각을 만들 때 각을 꺾는 부분
을 여러 땀으로 징그듯이, 세 개 이
상의 선이 만나는 교차점에서도 각
을 꺾는 지점이나 직전, 직후의 위치
에 맞추어 땀을 놓는다.

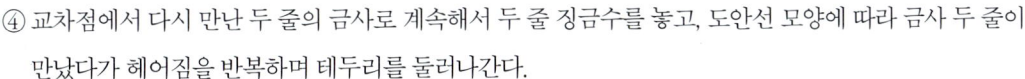

④ 교차점에서 다시 만난 두 줄의 금사로 계속해서 두 줄 징금수를 놓고, 도안선 모양에 따라 금사 두 줄이
만났다가 헤어짐을 반복하며 테두리를 둘러나간다.

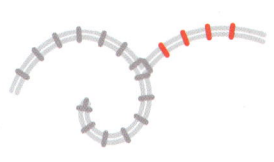

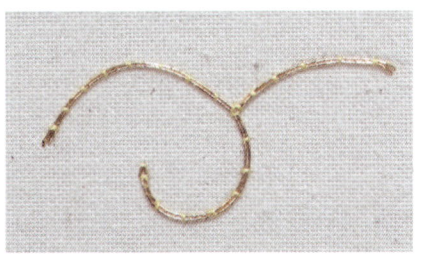

두 줄 징금수로 최대한 중간에 끊김 없이 테두리를 두르려면 수놓기에 앞서 도안선의 생김새를 보고 '한 붓 그리기'를 하듯 수가 진행될 방향을 확실히 정해두어야 합니다. 그러면 아래와 같은 그림도 모두 연결된 선으로 테두리를 두를 수 있습니다.

 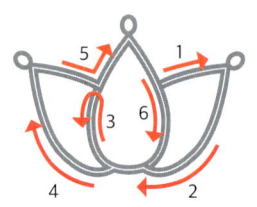 

5. 꼰사 징금수

보통 일반 꼰사보다 두 배나 세 배 정도 굵은 꼰사를 징거주는 데 많이 활용된다. 징거주는 방식은 전체적으로 금사를 징그는 방식과 동일하지만 바늘땀을 놓는 위치가 약간 다르다. 주로 징그는 땀을 숨겨 놓아 피징금사만 바탕천 위에 올려져 있는 것처럼 보이게 하는 경우가 대부분이다(꼰사 만드는 법은 136쪽 실 꼬는 방법 참조).

1) 한 줄 꼰사 징금수

꼰사의 꼬임 표시가 나는 부분의 안쪽을 밟으며 점수를 놓는다. 피징금사와 같은 색으로 가늘게 꼰 실을 징금사로 사용하면 징근 땀이 아예 없는 것처럼 보인다.

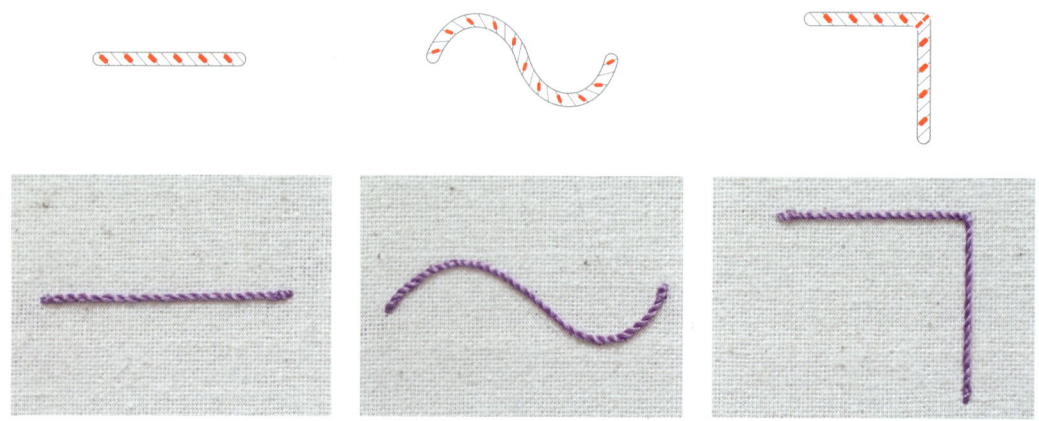

2) 두 줄 꼰사 징금수

꼰사 두 줄을 나란히 놓아 동시에 징글 때에도 각 꼰사의 꼬임 표시가 있는 부분 한가운데를 밟아 점수를 놓는다. 서로 다른 방향으로 꼬인 두 가닥의 실을 나란히 두면 땋은 머리 같은 모양이 생긴다.

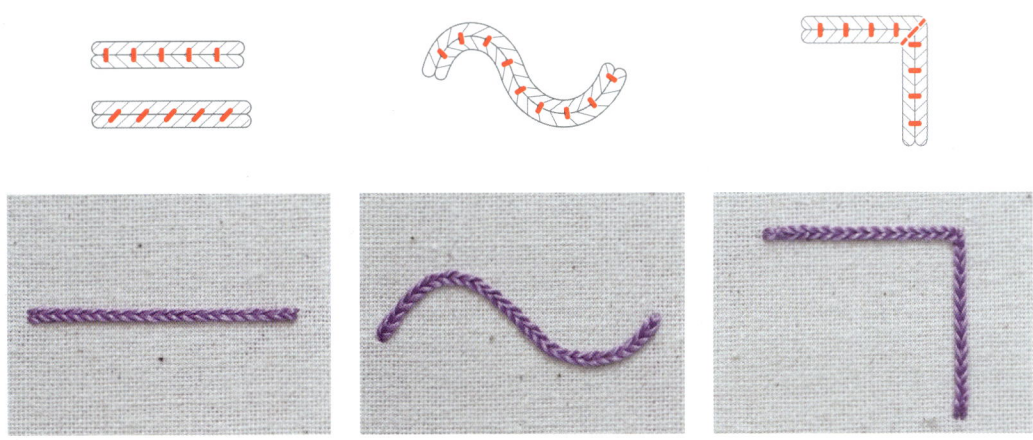

6. 면을 채우는 징금수

사슬수로 면을 채우는 것(108쪽)과 마찬가지로 도안의 중심이나 가장자리부터 징금수를 이어서 채워가면 된다. 금·은사 징금수로 채운 면의 바탕천은 빳빳해지고, 마치 그 위에 금·은박을 입힌 듯 반짝이게 된다. 징금수로 테두리를 두를 때와 마찬가지로 중간에 끊는 부분을 최소화하기 위해 수를 놓기 전에 시작점과 끝점을 어디에 둘 것인지, 어떤 길로 이어갈 것인지를 미리 정하도록 한다.

23. 칠보수

여러 개의 원이 겹쳐지며 만들어지는 꽃잎 모양의 칠보무늬를 놓는 기법
이다. 칠보무늬를 활용하여 다른 무늬를 만드는 것까지도 통칭하여 칠보
수라고도 한다.

쓰임새: 비단이나 도자기에 새겨진 칠보무늬 등

1. 기본 칠보수

① 긴 땀의 선수를 놓아 빗살무늬(45도 기울인 격자무늬)를 만드는데, 모든 선이 두 가닥이 되도록 한다. 한
줄의 선수를 두 번씩 놓아도 되고, 처음부터 바늘에 실을 두 줄로 꿰어 한 번에 놓아도 된다. 이때 두 가

닥의 실은 서로 꼬이지 않고 평행하게
놓여야 한다. 그리고 실을 너무 팽팽
하게 당기지 말고 넉넉히 여유를 두어
야 한다.

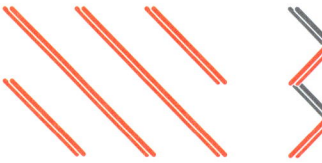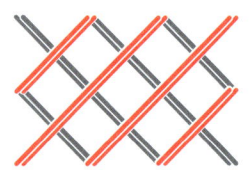

② 교차점마다 작은 十자 모양의 수를 놓아 고정시킨다.

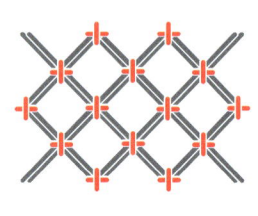

③ 두 가닥의 실을 각각 양쪽으로 벌리고 점수를 이용하여 고정시킨다.
부드러운 곡선을 만들어주기 위해서는 최소 세 개의 점수가 필요하다.

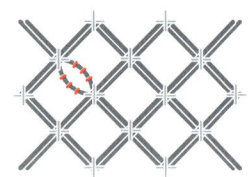

④ 같은 방식을 반복하여 칠보무늬를 만든다.

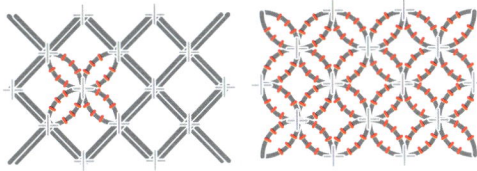 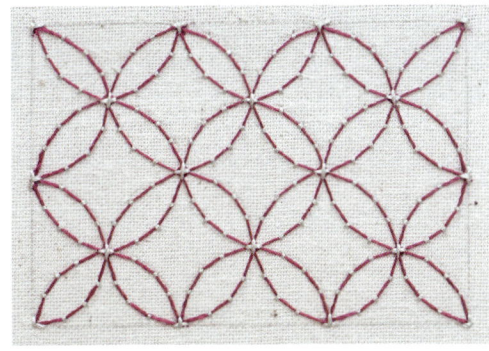

2. 다양한 칠보수 모양

칠보수는 선을 벌리는 방법이나 추가 장식, 빗살무늬를 달리하여 다양하게 활용할 수 있다.

주변에 장식을 추가한 칠보수

마름모꼴 칠보수

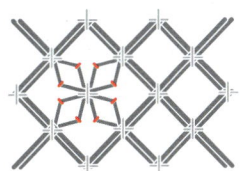 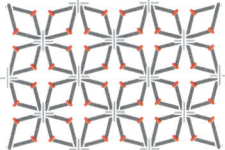 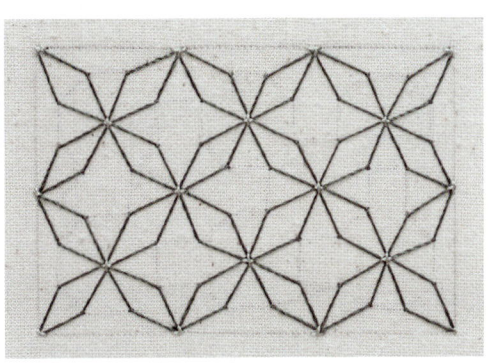

육각형 칠보수

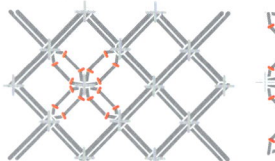 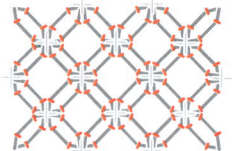

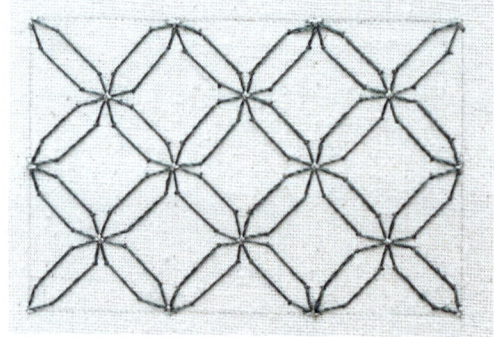

X자 선수로 만든 마름모꼴 칠보수

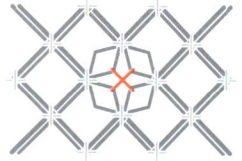 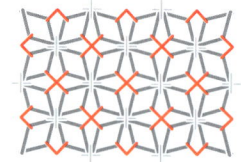

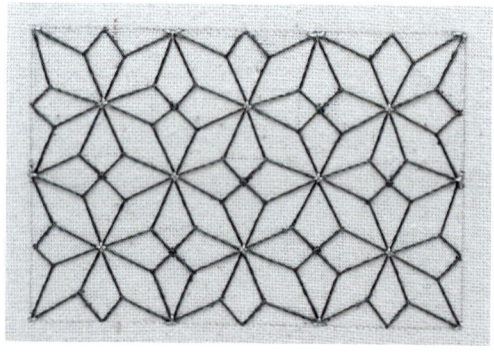

세 방향의 빗살무늬로 만든 칠보수

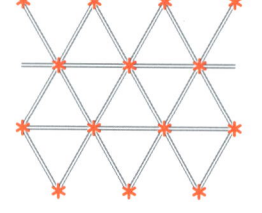 

24. 속수

수에 입체감을 더하기 위해 수를 놓기 전 도안의 안쪽에 다양한 재료와 방법으로 속을 채우는 기법이다.

쓰임새: 수의 입체감을 높이는 경우, 겹쳐 있는 둘 이상의 물체 중 앞에 있는 물체를 표현하는 경우 등

도안의 모양이나 특성에 따라 속수를 전체적으로 놓을 수도 있고, 부분적으로만 놓을 수도 있습니다. 다양한 기법과 재료 중에서 원하는 모양과 두께의 속수를 놓기에 알맞은 것을 선택하면 됩니다. 속수를 놓을 때에는 도안선을 따르거나 도안선에서 0.5mm 정도 살짝 안쪽으로 놓고, 속수에 사용하는 실이나 다른 재료의 색상은 겉수와 같거나 비슷한 색으로 하는 것이 좋습니다.
기본적으로 속수의 결 방향은 겉수와 반대 또는 반대에 가까운 방향으로 정합니다.

1. 평수 속수

어떤 면의 전체나 부분에 입체감을 주기 위해 평수를 속수로 이용한다. 속수로 놓는 평수의 결 방향은 겉수의 결과 반대 방향으로 한다. 그래야 속수가 겉수를 안정적으로 받쳐줄 수 있다. 속수와 겉수의 결이 같거나 비슷하면 겉수의 땀이 속수 사이에 끼어 속수가 드러날 수 있다.
여러 겹의 평수를 놓아 속수의 두께를 더 두껍게 만들 수 있다. 하지만 두께를 더하기 위해 가는 실로 여러 겹을 놓기보다는 필요한 두께만큼 굵은 실을 이용하여 단번에 놓는 것이 효율적이다.

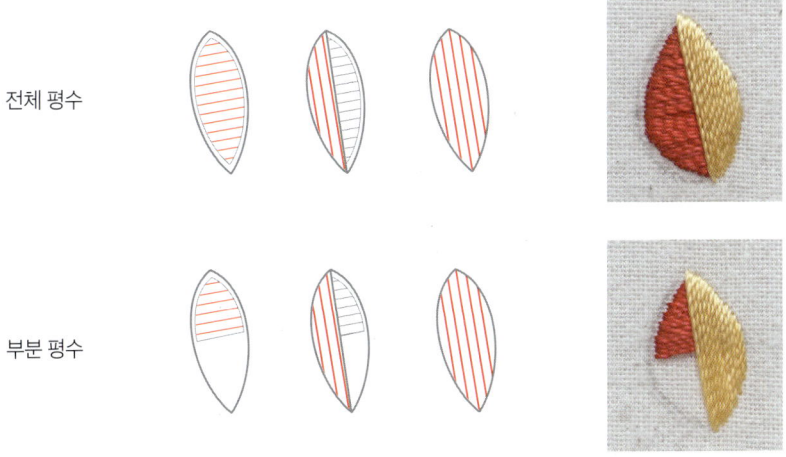

전체 평수

부분 평수

두 겹 평수

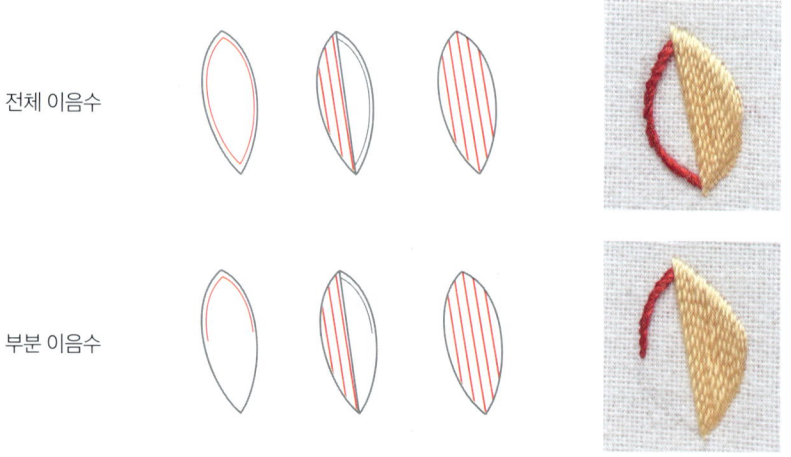

2. 이음수 속수

도안선을 따라 이음수로 속수를 놓으면 수의 가장자리와 바탕천 바닥 사이에 명확한 층이 생긴다. 이음수의 굵기를 조절하여 원하는 정도의 입체감을 만들 수 있다.

전체 이음수

부분 이음수

3. 굵은 면사 속수

속수를 놓을 때 명주실을 대체할 만한 대표적인 소재로 흔히 '이불실'이라고 불리는 굵은 면사가 있다. 굵은 면사를 큰 바늘에 꿰어 평수, 이음수 등을 놓으면 적은 땀 수로도 큰 효과를 얻을 수 있다.

수놓기를 시작하는 첫 땀은 실 끝에 묶인 매듭이 바탕천 뒤로 오게 하고, 도안 내부의 어딘가에서 바늘을 빼 올리는 것이 기본이다. 그런데 굵은 실로 만든 큰 매듭이 바탕천의 뒷면에 있으면 나중에 안감을 대거나 배접을 하여 작품을 완성할 때 매듭이 있는 부분이 볼록하게 튀어나오거나 매듭과 배접지 사이에 공간이 뜨는 문제가 생길 수 있다.

큰 매듭이 바탕천 뒷면에 오지 않게 하기 위해서는 처음 수를 놓을 때 매듭을 바탕천 위로 오게 하고 도안의 안쪽이 아닌 바깥쪽이나 근처 다른 도안에 놓는다. 그다음 해당 도안에서 점수 한 땀을 놓은 뒤 수를 놓기 시작한다. 아니면 위와 같은 방식으로 하되, 굵은 실에 매듭을 만들지 않은 채 길게 빼 놓아도 된다. 이렇게 원단 앞면에 빼 놓아둔 부분은 나중에 겉수를 다 놓은 다음에 깔끔히 잘라내 버린다. 속수를 다 놓은 후 마무리하는 점수를 놓고 실을 위로 빼어 자르는 것은 일반적인 방식과 동일하다.

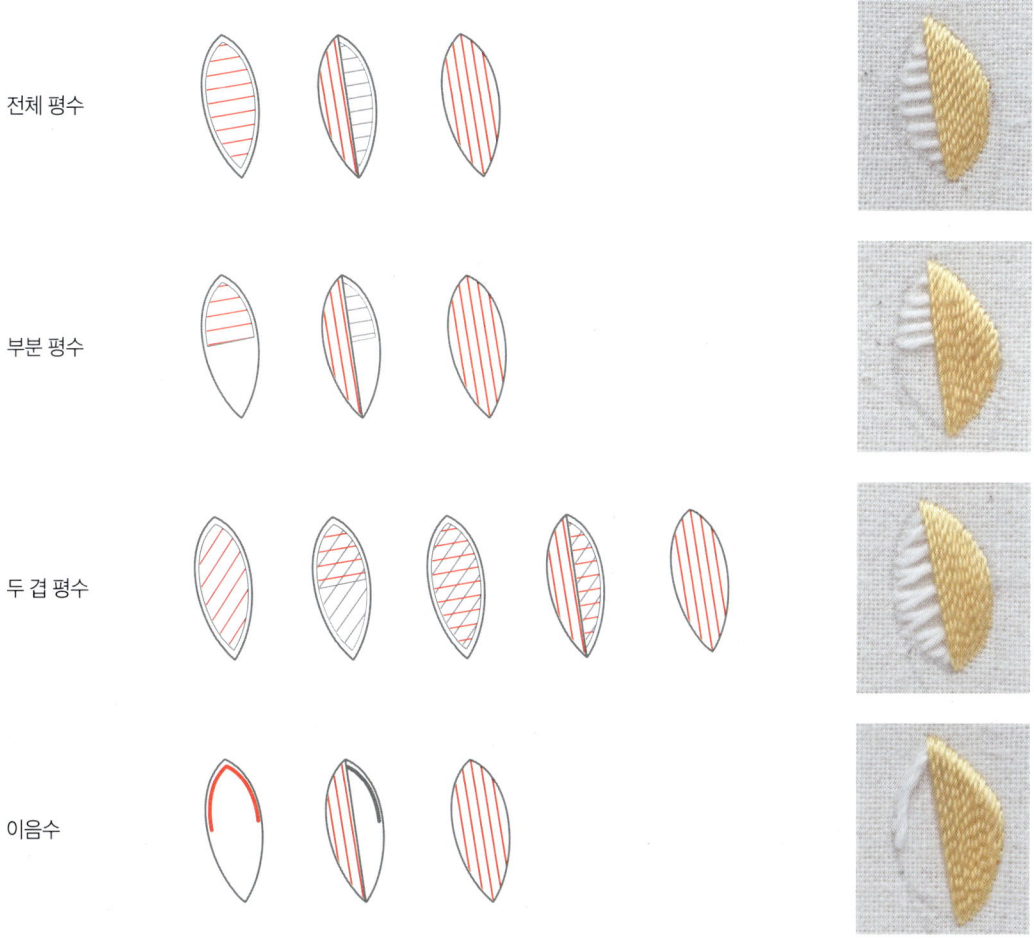

전체 평수

부분 평수

두 겹 평수

이음수

4. 징금수 속수

굵은 실이나 솜, 종이로 만든 노끈을 징거서 속수를 놓을 수도 있다. 솜을 이용하면 넓은 면적도 비교적 적은 땀으로 원하는 두께만큼 쉽게 채울 수 있다. 도안의 모양에 맞게 솜을 올려놓고 명주실이나 건봉사, 또는 면사로 격자 모양의 선수를 놓아 솜을 고정시킨다.

종이를 얇게 말아서 만든 끈이나 굵고 빳빳한 실을 다른 실로 징거서 속수를 놓으면 실로 채운 속수보다 단단한 느낌이 든다.

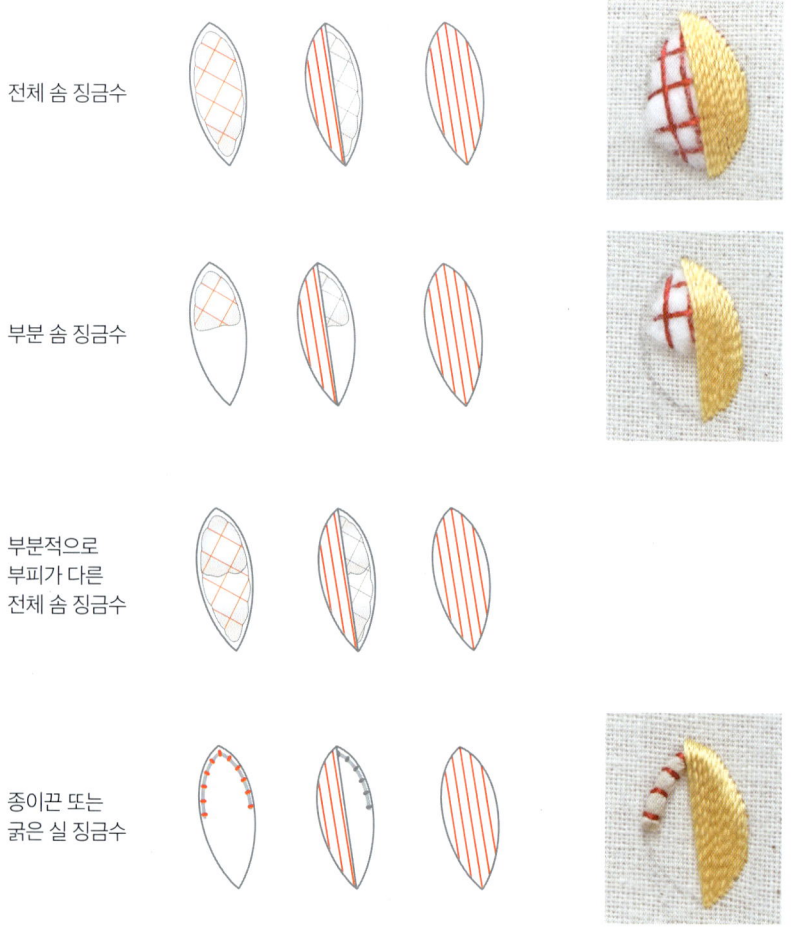

전체 솜 징금수

부분 솜 징금수

부분적으로
부피가 다른
전체 솜 징금수

종이끈 또는
굵은 실 징금수

5. 속수와 붙임수의 결합

두 개 이상의 물체가 겹쳐 있는 도안에서 뒤쪽에 있는 물체보다 앞쪽에 있는 물체가 더 튀어나와 보이게 하고 싶을 때에도 이음수를 속에 넣어 3차원적인 효과를 준다. 방식은 붙임수(56쪽)를 놓는 법과 비슷한데, 항상 도안에서 가장 뒤에 있는 부분을 먼저 채우고, 가장 앞에 있는 부분을 마지막에 채워야 한다.

① 뒤에 있는 물체의 면을 먼저 채운다.

② 경계선 부근에, 또는 경계선을 포함한 전체 외곽선에 이음수를 놓는다. 경계선에 속수 이음수를 놓을 때에는 최대한 먼저 채운 면의 끝선에 바짝 붙여서 빈틈이 없게 한다. 이음수 안쪽 면에 다른 속수를 추가로 놓아도 된다.

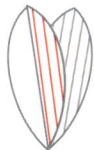 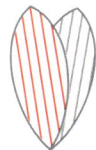

③ 앞에 있는 부분의 면을 채울 때 경계선의 이음수를 덮으면서 붙임수를 놓는다.

25. 사뜨기수

이어진 두 면의 가장자리를 휘감쳐 수놓는 기법이다. 머리를 땋은 것 같은 모양으로 장식성을 더할 뿐만 아니라 원단의 연결면을 튼튼히 보강해주는 바느질법이기도 하다.

쓰임새: 주머니, 바늘집, 골무 등 소품을 만들 때 원단의 연결면을 견고하게 고정시키는 경우

실의 굵기가 너무 가는 것보다는 어느 정도 굵은 것을 사용하는 것이 사뜨기를 놓기에도, 모양을 예쁘게 잡기에도 수월합니다. 보통 굵은 견사나 지누사(견사를 여러 가닥 꼬아서 만든 실)를 많이 사용합니다. 그 밖에 수를 놓을 때 사용하는 명주실 꼰사를 사용해도 되고, 다른 어떤 실을 사용해도 괜찮습니다.

1. 사뜨기수의 기본 진행 순서

① 실의 매듭을 원단의 뒷면에 두거나 그럴 수 없는 경우에는 매듭을 원단의 겉에 놓되 앞으로 놓일 땀들에 가려질 만한 자리에 둔다. 각 원단 면의 가장자리에서 안쪽으로 1~2mm 정도 들어간 곳에 바늘땀을 놓아 사뜨기수의 폭이 2~4mm 정도 되도록 한다.

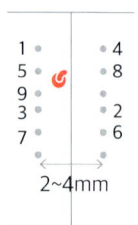

② 머리를 땋는 것처럼, 또는 운동화 끈을 끼우는 것처럼 양쪽 면을 오가며 바늘땀을 교차시키는 것이 기본 방식이다. 전체적으로 비어 보이는 곳이 없도록 땀을 놓아 고른 무늬를 만든다. 마무리할 때에는 다른 기법과 동일하게 근처에 숨은 점수를 놓되 그 개수를 많이 할수록 좋다. 또는 원단의 앞면이나 뒷면에서 매듭을 묶어준다.

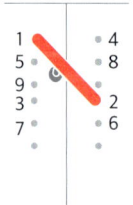 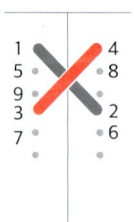  

③ 이런 순서로 사뜨기수를 놓으면 시작 부분과 끝부분에는 V자 모양으로 빈 곳이 생긴다. 이러한 빈 공간을 채우는 방법에 대해서는 아래에 이어서 설명한다.

기본 사뜨기수   사뜨기수 측면

2. 시작점과 끝점이 다른 사뜨기수

1) 빈 공간에 평수를 미리 채우는 방법

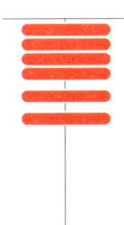

① 사뜨기를 시작하기 전에 사뜨기수의 폭에 맞게 네다섯 땀 정도를 채워 놓는다.

② 미리 채워둔 직선 땀 위로 사뜨기를 시작한다.

③ 사뜨기가 끝나는 지점에서도 같은 방식으로 빈 공간을 미리 채운 후 마무리한다.

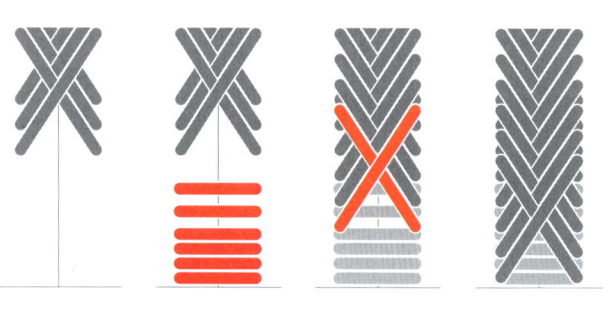 

2) 사뜨기의 각도를 바꾸는 방법

① 시작 부분에 빈 공간이 생기지 않도록 교차하는 두 땀의 각도를 최대한 수평에 가깝게 놓는다.

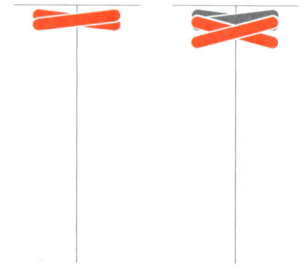

② 원하는 땀의 각도와 모양이 나올 때까지 땀의 간격을 적절히 조정하고 교차점의 각도를 조금씩 좁혀간다. 어느 정도 모양이 잡힌 후에는 고르게 땀을 이어나간다.

③ 끝점에 가까워지면 시작점에서와는 반대로 교차점의 각도를 조금씩 넓혀가며 빈 공간이 생기지 않도록 마무리한다.

3. 시작점과 끝점이 만나는 사뜨기수

시작점에서 비워진 공간이 마지막에 같은 모양으로 채워질 것이므로 미리 다른 수를 채워 놓을 필요가 없다. 마지막 사뜨기 몇 땀을 놓을 때 빈 공간의 모양에 맞추어 자연스럽게 연결되도록 한다.

26. 실 꼬는 방법

굵기와 색, 모양 등이 다른 여러 가지 실을 사용하면 다양한 효과와 재미를 줄 수 있다. 수를 놓을 때에는 실을 직접 꼬아 사용하는 경우도 많고, 같은 기법의 수를 놓더라도 실의 형태에 따라서 전혀 다른 느낌을 표현할 수도 있다. 실을 꼬는 방법이 자수 기법은 아니지만 실의 꼬임과 모든 기법은 큰 연관이 있기 때문에 기초 자수 기법의 마지막에 실 꼬는 방법을 설명한다.

1. 꼰사의 종류

꼰사는 두 갈래의 실을 꼬아 한 올로 만든 것으로, 실의 굵기에 따라, 꼬임의 방향에 따라 종류를 구분할 수 있다. 일반적으로 실의 굵기에 대한 단위로 '번수(番手), 데니어(Denier), 합' 등의 용어가 있다. 하지만 앞서 '재료와 도구'에서 명주실을 소개할 때 언급했듯이, 일반 재봉실에 비해 소량으로 생산되는 전통자수 실의 규격 체계는 분명하지 않은 편이고, 체계가 있어도 부르는 사람마다 기준이 조금씩 다르거나, 같은 판매처에서라도 항상 같은 품질의 실을 구하지 못할 수도 있다. 그렇기 때문에 역시 가장 중요한 것은 실제 눈으로 보고 본인에게 필요한 실을 구분할 수 있어야 한다는 것이다.

1) 굵기에 따른 구분

① **합사 단위에 따른 구분**: '합사(合絲)'란, 두 가닥 이상을 합쳐 만든 실이라는 뜻이다. 쉽게 예를 들어 22합 사라고 하면 누에고치에서 뽑아낸 가느다란 견사 22가닥이 합쳐진 굵기의 실이다. 꼰사 중 일반적으로 가장 많이 사용하는 굵기, 또는 판매처에서 가장 많이 구비하고 있는 굵기는 약 0.4~0.5mm 정도이다. 이 정도 굵기의 실이 22합사이다. 이것보다 가는 16합사는 주로 작거나 섬세한 수를 놓을 때 사용하고, 굵직한 36합사는 큰 규모의 작품에 많이 사용한다.

36합사

22합사

16합사

② **한 가닥을 이루는 올의 개수에 따른 구분**: 일반적인 굵기의 꼰사나 반푼사 한 가닥을 반으로 나누었을

때의 '한 올'을 기준으로 실의 굵기를 가늠할 수 있다. '합사' 단위는 주로 실을 구매할 때 사용한다면, '한 올' 단위는 직접 실을 꼬아 만들 때 그 굵기를 정하는 용도로 쓰인다.

2) 꼬임 방향에 따른 구분
실이 꼬여 있는 방향에 따라 좌연사(左撚絲)와 우연사(右撚絲)로 나뉜다. 좌연사는 반시계 방향으로 꼬여 Z자 모양이 나타나고, 우연사는 시계 방향으로 꼬여 S자 모양이 나타난다. 시중에 판매되는 꼰사는 대개 좌연사다.

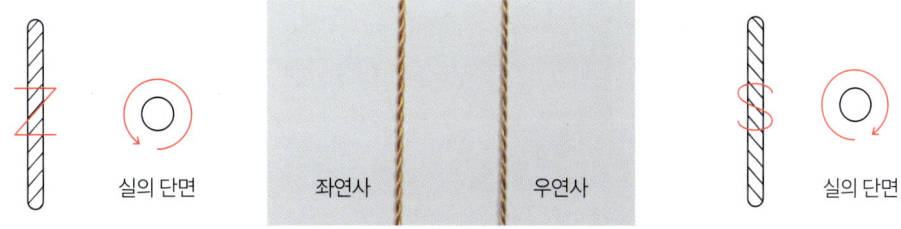

실의 단면   좌연사   우연사   실의 단면

2. 꼰사를 만드는 기본 방법(2올 한 가닥 꼰사)

몇 가닥의 실을 합쳐 한 가닥을 만드는 방법을 설명할 때 실을 세는 단위가 헷갈리지 않도록 최종으로 만들어진 실인 반푼사, 꼰사의 단위는 '가닥'이라고 하고, 반푼사와 꼰사를 이루는 작은 단위의 실은 '올'이라고 하겠습니다.

실 두 올을 합쳐 한 가닥의 꼰사를 만드는데, 꼬임이 전혀 없는 푼사보다는 반푼사를 두 갈래로 나누어 푼사의 형태로 만든 다음 꼰사로 만드는 것이 좋습니다. 너무 매끈한 상태보다는 살짝 구불거리는 실에 꼬임을 주기가 더 수월하기 때문입니다.

1) 좌연사 만들기
① 수틀이 쉽게 움직이지 않도록 무거운 책 등을 올려놓고, 수틀에 박힌 압정 하나에 반푼사 한 가닥의 한쪽 끝을 단단히 묶는다. 실 끝을 압정에 여러 번 돌려 감고 고리를 만들어 압정에 씌운 후 잡아당기거나, 일반적으로 끈을 묶는 방식으로 두 번 이상 묶어서 세게 당겨도 풀어지지 않게 만든다. 이미 나누어진 두 가닥의 푼사를 사용할 때에도 마찬가지로 두 가닥을 한꺼번에 묶어준다.

② 압정과 가까운 앞쪽에서부
　터 반푼사를 원래 꼬임의
　반대 방향으로 돌려 두 갈
　래로 나누고, 끝까지 실을
　반대로 돌려가며 완전히 반
　으로 나눈다.

③ 한 올(반푼사의 ½가닥)을 왼손바닥에 얹어 놓고 그 위에 오른손을 포개어 누른 후, 그 상태로 포갠 손을
　뒤로 밀어서 실을 꼰다. 손을 비비는 횟수는 실의 길이나 손의 크기 등에 따라 다르지만 보통 8~10회
　정도를 꼰다. 실을 꼬는 동안에는 실이 팽팽하게 유지되도록 압정과 반대 방향으로 당겨준다. 실이 느

슨한 상태에서 꼬면 꼬임이 어느 한
쪽에 모여 고르지 않은 모양의 꼰사
가 만들어질 수도 있다. 그리고 손을
비비는 중간에 실을 놓쳤다면, 꼬임
을 풀고 처음부터 다시 꼬는 것이 좋
다. 횟수를 정확히 맞추기 위함이기
도 하지만, 실이 풀리면서 역시 어느
한쪽으로 꼬임이 몰릴 수 있기 때문
이다.

④다 꼰 실의 끝을 수틀의 다른 쪽 압정에 서너 번 감아 임시로 고정한다.

⑤나머지 한 올도 ④와 동일한 방식으로 꼰다. 그러고 나서 먼저 꼰 실을 조심스럽게 가져와 총 두 올을 한 뭉치로 잡는다. 두 줄을 왼손바닥에 올리고 오른손으로 포개어 동시에 꼬아주는데, 이번에는 포갠 손을 앞으로 밀며 4~5회 정도를 꼬아준다.

⑥두 올이 완전히 결합되면 손을 놓아도 풀어지지 않는 꼰사가 만들어진다. 꼬임의 밀도는 처음 각각의 실을 꼬는 횟수에 비례한다.

⑦완성된 꼰사의 끝을 단단히 잡고서 실을 잡아당긴다. 다른 손으로는 수틀이 움직이지 않도록 잡아주면서 엄지나 검지로 압정 근처의 실을 대여섯 번 세게 튕겨준다. 가야금 줄을 뜯는 듯한 소리가 날 정도로 몇 번 튕기면 꼬인 두 올의 실을 더 쫀쫀하고 고르게 결합시킬 수 있다. 완성된 꼰사는 압정 근처에서 끊어서 사용한다.

2) 우연사 만들기

좌연사를 만드는 방법에서 실을 꼬는 방향을 반대로 해주면 된다. 먼저 각각의 실을 꼴 때에는 포갠 손을 앞으로 밀고, 두 올을 한꺼번에 꼴 때에는 뒤로 밀어준다.

3) 실 꼬는 과정 단축하기

앞의 방법으로 꼰사 만들기에 충분히 익숙해졌거나 두 올을 각각 꼬는 과정이 번거롭다면, 각각의 실을 단번에 꼬는 법을 연습해보겠습니다. 이 방법은 '수놓기 전 준비하기'에서 배운 실 정리하는 방법(32쪽)과 비슷합니다.

좌연사 기준, 두 올의 실을 왼손바닥에 나란히 올려놓고 오른손으로 포개어 누른 다음, 포갠 손을 뒤로 밀어서 실을 꼬아준다. 이때 두 갈래의 실이 한데 뭉치지 않도록 둘 사이의 간격을 유지해야 한다. 한 손바닥에서 두 줄을 동시에 꼴 때에는 한 줄로만 할 때보다 손을 비비

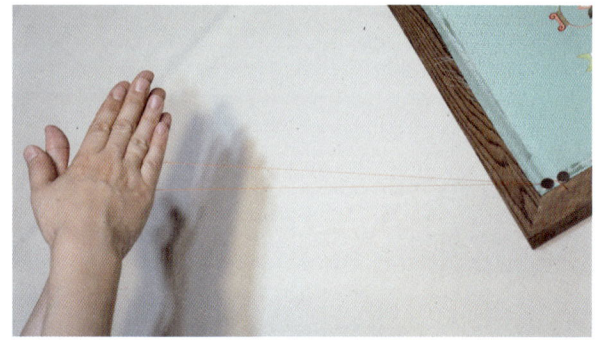

는 횟수를 약간 늘려준다. 한 번에 꼰 두 줄은 바로 한 묶음으로 잡아 앞으로 밀며 꼬아준다.

4) 굵은 꼰사 만들기

앞서 만든 기본 꼰사(2올 한 가닥)보다 더 굵은 꼰사는 한 번에 꼬는 올의 개수를 늘리고, 기본 꼰사를 만드는 방법과 동일한 과정으로 만들면 된다.

① 예를 들어, 6올 굵기의 한 가닥을 만드는 경우에는 반푼사 또는 꼰사 세 가닥을 한 번에 묶어 압정에 고정한다.

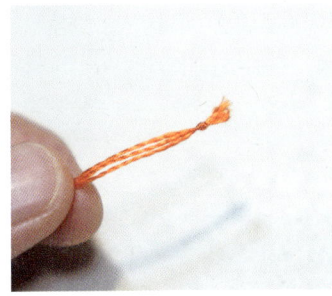 

② 반푼사 또는 꼰사 한 가닥을 모두 반으로 가른다.

③ 3올과 3올을 각각 한 방향으로 꼰 후 합쳐서 반대 방향으로 꼬아 6올 굵기의 한 가닥 꼰사를 만든다. 4올 굵기는 2올과 2올이 합쳐지고, 8올 굵기는 4올과 4올이 합쳐진다.

5) 가는 꼰사 만들기

일반 굵기의 꼰사보다 더 가는 실은 한 올(반푼사 또는 꼰사의 ½가닥)을 더 가늘게 갈라서 만든다. 한 올 굵기의 실(일반 꼰사의 ½ 굵기)을 만들기 위해서는 먼저 반푼사 또는 꼰사를 반으로 나눈 다음 한 번 더 반으로 나누어 반푼사의 ¼가닥(½올)을 만들어야 한다. 그리고 ¼가닥과 ¼가닥을 꼬아서 합친다. 반푼사 한 가닥으로는 한 올 굵기의 꼰사 두 개를 만들 수 있다.

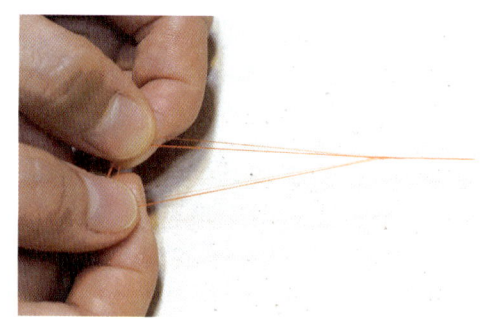

반푼사를 ¼로 나눈 모습

어떤 실은 ¼가닥까지 깔끔하게 나뉘는가 하면 어떤 실은 ½가닥까지만 쉽게 갈라지고 그 이상은 거미줄처럼 가는 실이 엉겨 있는 상태이기도 합니다. 실이 잘 갈라지지 않는 경우에는 엄지와 검지로 실을 잡고 손톱을 세워 여러 번 실을 쓸어내린 다음 가르는 것이 도움이 됩니다.

3. 두 가지 색을 섞은 꼰사 만드는 방법

꼰사를 만들 때 두 올의 실을 각각 다른 색으로 하거나 이미 색이 섞인 상태의 실을 사용하는 등 실의 색에 변화를 주어 다양한 효과를 낼 수 있다. 비슷한 계열의 두 가지 색을 섞어 만든 실은 은은하게 색감 변화를 주어 풍부한 색을 표현하고, 대비되는 두 가지 색을 섞은 실은 화려하고 장식적인 느낌을 더한다.

1) 서로 색이 다른 두 올로 만드는 꼰사

각각 다른 색의 두 올로 꼰사를 만들면 두 개의 색이 규칙적으로 번갈아 반복되는 꼰사를 만들 수 있다. 과정은 꼰사를 만드는 기본 방법과 완전히 동일한데, 보통 두 가지 색의 반푼사 또는 꼰사를 한 번에 묶어서 압정에 고정하고, 각각의 실을 반으로 나눠 총 네 올로 만든 다음 서로 다른 색의 두 올로 만든 꼰사 두 가닥을 만든다.

2) 한 올에 두 가지 색을 먼저 섞은 후 만드는 꼰사

반푼사 또는 꼰사를 ¼가닥씩 나누고, 서로 다른 색의 ¼가닥과 ¼가닥이 한 올(반푼사 또는 꼰사의 ½가닥)이 되도록 잡는다. 그렇게 꼬기 전에 이미 두 가지 색을 가진 올로 각각 꼰사를 만들면 단색의 올끼리 합쳐 만든 것보다 색이 더 촘촘하고 불규칙하게 섞인 꼰사를 만들 수 있다.

3) 두 가지 색을 섞은 꼰사 비교

같은 색상과 같은 굵기의 실을 꼬아 만든 실이라 하더라도 실을 꼬는 방법에 따라 다른 모양의 실이 만들어지고, 그 실로 수를 놓으면 역시 서로 다른 효과를 낼 수 있다.

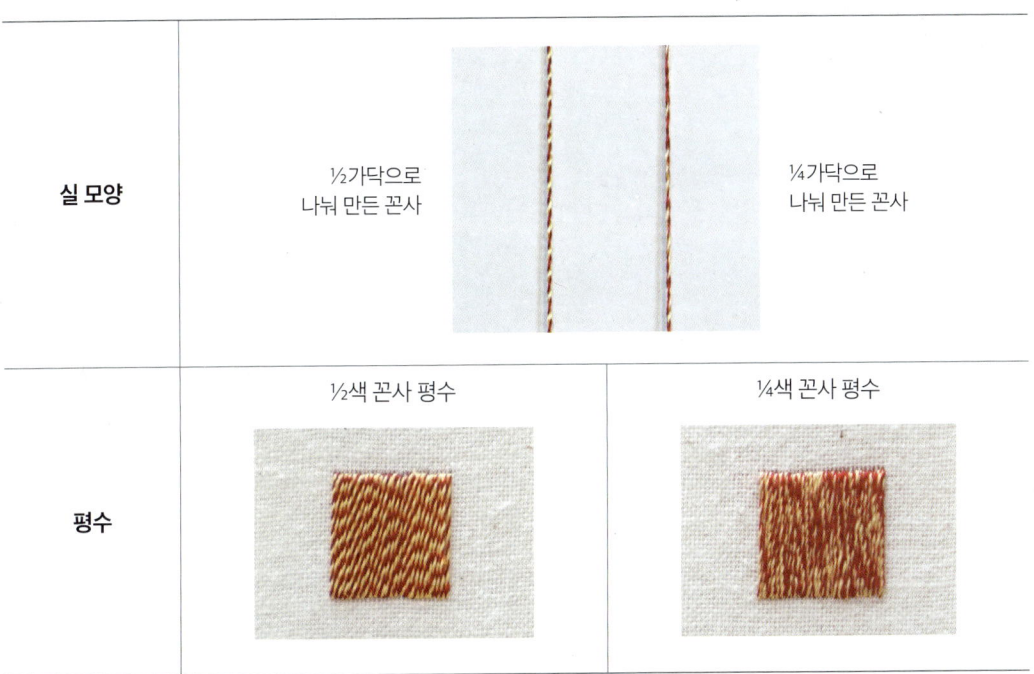

실 모양	½가닥으로 나눠 만든 꼰사	¼가닥으로 나눠 만든 꼰사
평수	½색 꼰사 평수	¼색 꼰사 평수

4. 깔깔사 만드는 방법

'깔깔사'란 굵기가 서로 다른 실을 꼬아 표면이 오돌토돌하고 구불거리게 만든 특수한 꼰사의 일종이다. 깔깔사로 놓은 수를 깔깔수라고도 하는데, 굵기가 가는 것은 일반 명주실처럼 바늘에 꿰어 수를 놓기도 하고, 굵기가 굵은 것은 징금수를 놓듯이 징금사를 이용하여 놓기도 한다.

앞서 만든 꼰사는 모두 같은 굵기의 실 두 줄에 같은 횟수만큼의 꼬임을 주어 만들었는데, 깔깔사는 두 줄의 굵기도 다르고 꼬는 횟수도 다르게 하여 만든다. 시중에 판매되는 깔깔사도 있지만 굵기와 색상이 다양하지는 않기 때문에 자신에게 필요한 구체적인 형태의 깔깔사가 있다면 만들어 사용한다.

꼬임을 많이 넣은 실은 꼬임을 적게 넣은 실보다 길이가 짧아진다. 따라서 두 줄을 합칠 때에는 짧은 쪽의 길이를 감안하여 긴 줄도 짧게 잡는다. 그리고 깔깔사는 일반 꼰사에 비해 꼬임이 잘 풀어질 수 있기 때문에 압정에 고정해 놓은 실은 사용하기 직전에 잘라 쓰거나 어느 한쪽 또는 양쪽 끝에 매듭을 지어놓는 것이 좋다.

1) 다양한 깔깔사 모양

올의 개수와 꼬임 횟수를 각각 다르게 하여 다양한 굵기와 질감의 깔깔사를 만들 수 있다.

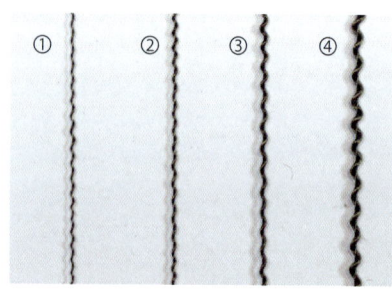

① ½올(4회)과 3올(10회)을 합한 꼰사
② 1올(4회)과 5올(12회)을 합한 꼰사
③ 1올(5회)과 8올(15회)을 합한 꼰사
④ 2올(7회)과 12올(15회)을 합한 꼰사

2) 다양한 깔깔수 모양

① **가는 깔깔사로 놓은 수**: 평수나 자련수 등 면을 채우는 기법에서 깔깔사로만 수를 놓기도 하고, 일반 꼰사와 깔깔사를 섞어 사용하기도 한다. 오돌토돌한 표면이나 흐르는 듯한 느낌을 표현할 수 있다.

② **굵은 깔깔사로 놓은 수**: 깔깔사와 같은 색상의 징금사를 만들어 징금수 기법으로 수를 놓는다. 징글 때에는 굵은 꼬임 사이사이로 드러나는 가는 올 부분을 징거준다. 그리고 가는 올은 팽팽히 잡아당긴 채 굵은 올의 꼬임을 손으로 움직여가며 꼬임이 뭉쳐 있는 모습을 자유자재로 연출할 수 있다. 고목의 나무껍질이나 이끼가 껴 있는 바위 등을 표현할 수 있다.

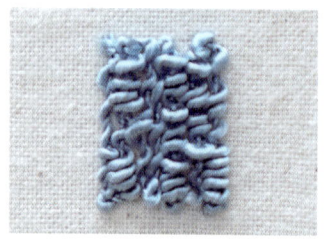

1. 바탕천 뒷면 정리하기

수틀을 뒤로 돌려 수의 뒷면을 깔끔하게 정리한다. 길게 나온 실 꼬리, 실이 엉키거나 묶인 부분이 있는지 확인하고, 지저분한 부분을 짧게 다듬어준다. 만일 마무리하는 점수로 고정되지 않은 부분의 실을 짧게 자를 경우에는 올이 풀어질 위험이 있으니 그럴 때엔 차라리 길게 놔두는 편이 낫다. 징금수를 놓은 후 뒤로 빼낸 금사나 굵은 꼰사도 너무 짧게 자르지 않도록 한다.

수 뒷면

2. 풀 바르기

바탕천에 수가 더 잘 고정되고 판판한 상태를 유지하도록 수의 뒷면에 풀을 발라준다. 전통 방식으로 밀가루 풀을 직접 만들어 사용할 수도 있고, 간단하게 화방이나 문구점에서 파는 문방풀이나 배접용 풀 등을 사용할 수도 있다.

풀을 바를 때에는 손가락이나 붓에 적당량의 풀을 묻혀 수가 있는 부분에만 고르게 펴 바른다. 길게 튀어나온 실이 있다면 풀을 바르면서 도안의 안쪽 면으로 깔끔하게 붙여준다. 평수나 자릿수, 자련수 등 넓은 면을 고르게 메운 부분에는 특별히 넉넉한 양의 풀을 발라서 수의 결을 정돈하기도 한다. 풀이 뒷면의 수를 적시고, 바탕천에까지 스며들어 결국 앞면의 수와 바탕천이 서로 잘 붙어 있게 할 수도 있다.

바탕천에는 되도록 풀이 묻지 않도록 주의한다. 바탕천에 풀이 너무 많이 묻을 경우 원단에 얼룩이 질 수도 있다.

밀가루 풀 쑤는 법

① 밀가루와 물을 대략 1:5 비율로 섞어 덩어리가 생기지 않도록 잘 풀어준다.

② 밀가루 물을 냄비에 넣고 끓여서 묽은 죽과 같은 풀을 만든 다음 식힌 후에 사용한다.

③ 풀이 많이 남은 경우 냉장고에 보관하면 오래 두고 사용할 수 있으나, 중간에 삭아서 곰팡이가 생길 수 있으니 주의한다.

3. 증기 쐬기

풀을 바르고 난 직후 수의 뒷면에 수증기를 쐬어 간접적인 방식의 다림질을 한다. 냄비나 전기주전자에 물을 끓여 증기가 올라오면 그 위에 15~20cm 정도 적당한 간격을 두고 수틀의 뒷면이 증기와 마주하도록 들어 골고루 증기를 쐬어준다. 증기로 인해 열과 수분을 머금은 바탕천과 자수실은 따뜻하고 축축해지며 살짝 늘어지게 된다. 그때 평수 등으로 넓은 면을 채운 부분의 결을 따라 손가락으로 쓰다듬어 주면 수의 결을 한층 더 정돈시킬 수 있다. 증기를 다 쐬인 후에는 풀이 완전히 말라 굳을 때까지 상온에 두고 기다린다.

수를 놓은 부분은 구김이 생기더라도 그 위에 바로 다리미를 눌러 다림질하지 않도록 한다. 다림질할 때의 열과 압력이 수를 납작하게 눌러 입체감을 떨어뜨리고, 명주실의 질감이나 색감을 변형시킬 수도 있기 때문이다. 일반적으로 실크로 된 옷을 함부로 세탁하거나 다림질하지 않듯이 비단 등의 견직물과 명주실을 사용한 작품도 조심히 다루어야 한다.

4. 바탕천 떼기

압정이 꽂힌 부분을 먼저 떼어낸 후 풀로 붙인 부분을 뗀다.

1. 압정 빼기

전통 방식으로는 쇠숟가락을 압정 머리와 수틀 사이에 끼워 넣은 다음 지렛대처럼 숟가락 손잡이를 아래로 눌러 압정을 빼낸다. 그 밖에 압정용 장도리나 펜치 등의 도구를 이용하여 압정을 모두 뺀다.

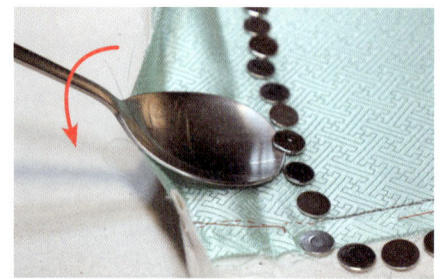

압정의 머리만 떨어지고 심만 박혀 있는 경우에는 반드시 펜치나 핀셋 등으로 심을 제거해주도록 한다. 부러지거나 휘어진 압정은 버리지만, 멀쩡한 압정은 모아두었다가 재사용한다.

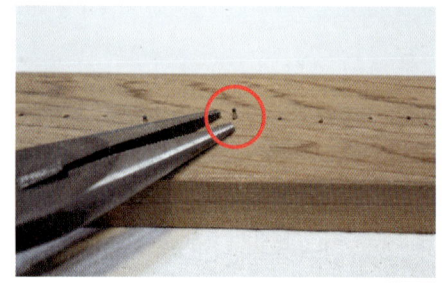

2. 풀로 붙인 부분 떼어내기

원단을 붙잡고 수틀에서 떼어낸다. 공단처럼 원단의 식서·반식서 방향의 결 차이가 분명한 경우에 식서 방향(원단의 길이 방향)으로 당길 때에는 비교적 부드럽게 떼어지는 반면, 반식서 방향(원단의 폭 방향)으로 당길 때에는 저항이 세고 올이 나가기 쉽다. 따라서 반식서 방향으로 떼어낼 때에는 한 번에 세게 떼어내지 말고, 원단이 식서 방향으로 당겨지도록 조금씩 잡아서 떼는 것이 좋다.
원단을 깔끔하게 떼기 어려운 경우에는 먼저 가위로 바탕천을 잘라낸 다음 나머지 부분을 떼어낸다.

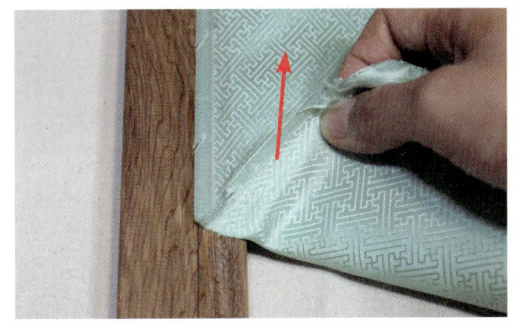
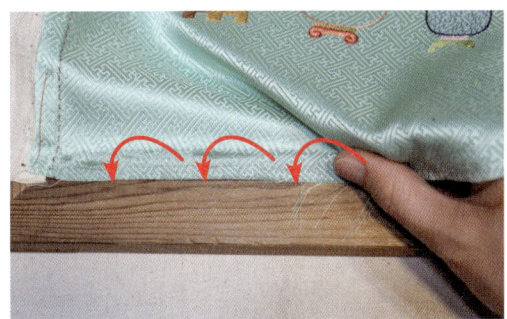

수틀에서 떼어낸 원단은 안감을 달아 주머니나 보자기를 만들 수도 있고, 배접하여 액자에 끼울 수도 있다. 그렇게 작품을 완성하기 전 원단 상태로 가지고 있을 때에는 가능한 한 구겨지지 않도록 평평하게 두고, 습자지나 한지 등에 싸거나 상자에 넣어 직사광선과 습기를 피해 보관하도록 한다.

총 네 가지의 작품을 통해 앞에서 배운 기초 자수 기법을 연습해보겠습니다. 여러 가지 기법이 한 폭의 그림 안에서 사용될 때 어떻게 어우러지는지, 무엇을 고려하고 주의해야 하는지를 알아가며 작품을 완성해봅시다.

각 장에 소개된 재료와 방식은 함께 실은 사진 속 예시 작품을 기준으로 하고 있습니다. 그렇지만 책머리에서 이야기한 것처럼 작품에 사용되는 원단과 실의 종류, 색상, 기법, 그리고 도안의 크기까지도 작업자 본인의 편의와 취향에 따라 자유롭게 선택하고 사용하면 됩니다.

완성된 작품은 수틀에서 떼어낸 후 직접 다듬거나 표구사에 맡겨 액자로 꾸밀 수도 있고, 보자기나 베개 등의 소품을 만들 수도 있습니다.

작품 연습하기

화
병
도

花
柄
圖

화병은 보자기나 주머니, 병풍으로 된 옛 자수 유물에 자주 등
장합니다. 둥근 것, 각진 것, 길쭉한 것, 올록볼록한 것 등 단순
하지만 다양하고 재미있는 모양의 화병 도안을 이용하여 앞서
배운 여러 가지 기초 자수 기법을 연습해보겠습니다.

작품 크기

18×27cm(여백 포함)

재료

- **원단** 청옥색 양단
- **실** 명주실 꼰사(여러 가지 색)

도움말

- 전체적인 순서는 먼저 면을 채우는 기법의 수를 놓은 다음 마지막에 테두리의 수를 놓는 순이다.
- 면과 면 사이에 이음수로 테두리를 두르는 부분의 경계선은 띔수로 처리한다.
- 화병 입구와 다리, 받침은 사선평수로 채운다.

도안

01
평수, 속수, 사슬수, 이음수

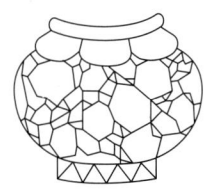

02
균열수, 쌀알수, 평수, 선수, 이음수

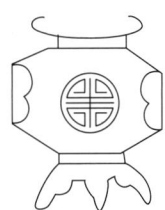

03
이음수, 평수

04
자릿수, 씨앗수, 선수, 평수, 이음수

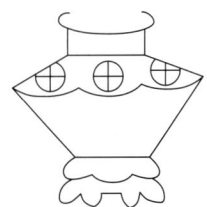

05
솔잎수, 삼각수, 평수, 이음수

06
엇겨놓기수, 평수, 이음수

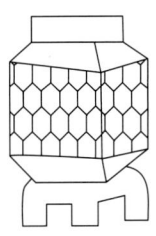

07
귀갑수, 칠보수, 우련수, 이음수

08
가름수, 자련수, 평수, 이음수

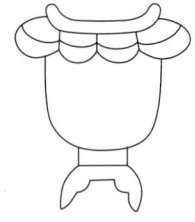

09
십자수, 느낌수, 평수, 이음수

01_ 평수, 속수, 사슬수, 이음수

줄무늬 부분은 굵은 면사로 속수를 넣은 평수와 사슬수를 번갈아 놓는다.

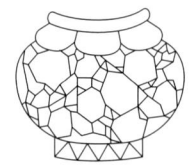

02_ 균열수, 쌀알수, 평수, 선수, 이음수

균열수로 금이 간 표면을 표현하고, 입구의 꽃잎 부분은 쌀알수로 채운다.
밑받침의 지그재그 모양은 V자 선수로 놓는다.

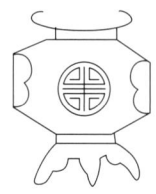

03_ 이음수, 평수

중앙의 문양은 이음수로 놓고, 화병의 다리는 두 가지 색을 섞은 꼰사로 평
수를 놓는다.

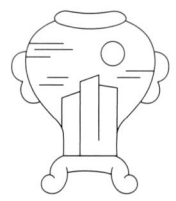

04_ 자릿수, 씨앗수, 선수, 평수, 이음수

바위는 자릿수, 구름은 ─자 선수, 해는 평수 위에 씨앗수로 놓는다.

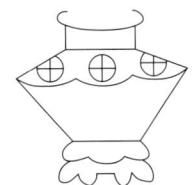

05_ 솔잎수, 삼각수, 평수, 이음수

중앙의 넓은 면은 삼각수로 채우고, 윗부분은 솔잎수로 문양을 만든다. 화병의 다리에는 두 가지 색을 섞은 꼰사로 평수를 놓는다.

06_ 엇겨놓기수, 평수, 이음수

중앙의 둥근 문양 중 위에는 일반 엇겨놓기수로, 아래에는 도안선이 두 개인 엇겨놓기수로 놓는다.

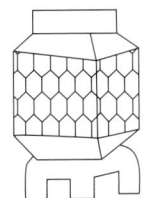

07_ 귀갑수, 칠보수, 우련수, 이음수

귀갑수로 중앙의 육각 무늬를 만들고, 그 위아래의 격자무늬는 선수와 점수를 이용하여 칠보수의 첫 단계와 비슷한 모양을 만든다. 화병의 다리는 우련수로 놓는다.

08_ 가름수, 자련수, 평수, 이음수

나뭇잎은 가름수로, 꽃잎은 자련수로 놓는다. 화병 받침에 두 가지 색 꼰사를 사용한다.

09_ 십자수, 느낌수, 평수, 이음수

입십자수로 넓은 면을 채우고, 입구의 꽃잎 장식은 느낌수로 놓는다.

장생도

長
生
圖

불로장생(不老長生)을 상징하는 동식물과 자연물이 한데 어우
러진 작품입니다. 조선시대 궁중에서 자주 사용되던 좌우대
칭 구도의 정형화된 도안을 참고하여 한 폭의 장생도를 새로
그렸습니다. 이 작품에는 다양한 자수 기법들이 복합적으로
이루어져 있어 앞장의 화병도보다 한 걸음 더 나아가 여러 기
법을 응용하는 연습을 할 수 있습니다.

작품 크기

14×28cm(여백 불포함)

재료

- **원단** 연두색 양단
- **실** 명주실 꼰사(여러 가지 색), 반푼사(흰색), 금사(2호, 굵기가 가는 것), 견봉사(노란색)

도움말

- 이음수나 징금수 등으로 테두리를 두르는 경우에는 그 주변 부분을 먼저 다 채운 후에 놓는다.
- 이음수나 징금수 테두리가 둘러질 부분의 경계선은 띔수로 처리한다.
- 두 개 이상의 기법을 겹쳐 사용하는 부분에서는 가장 위에 보이는 것(예: 소나무의 껍질 무늬, 거북의 등 무늬, 학의 눈 등)을 가장 마지막에 놓는다. 그리고 되도록 바닥에 놓인 수의 땀을 밟아준다.
- 여기에서 반푼사는 가는 굵기의 꼰사를 만들어 사용하기 위해서 준비한 것이다. 반푼사가 없다면 꼰사로 대체할 수 있다.
- 그림 아래쪽의 물결과 위쪽의 구름에 비슷한 색을 사용하면 전체적으로 통일감을 줄 수 있다. 너무 많은 수의 색을 사용하기보다는 정해진 가짓수의 색을 조화롭게 사용하는 것을 추천한다.

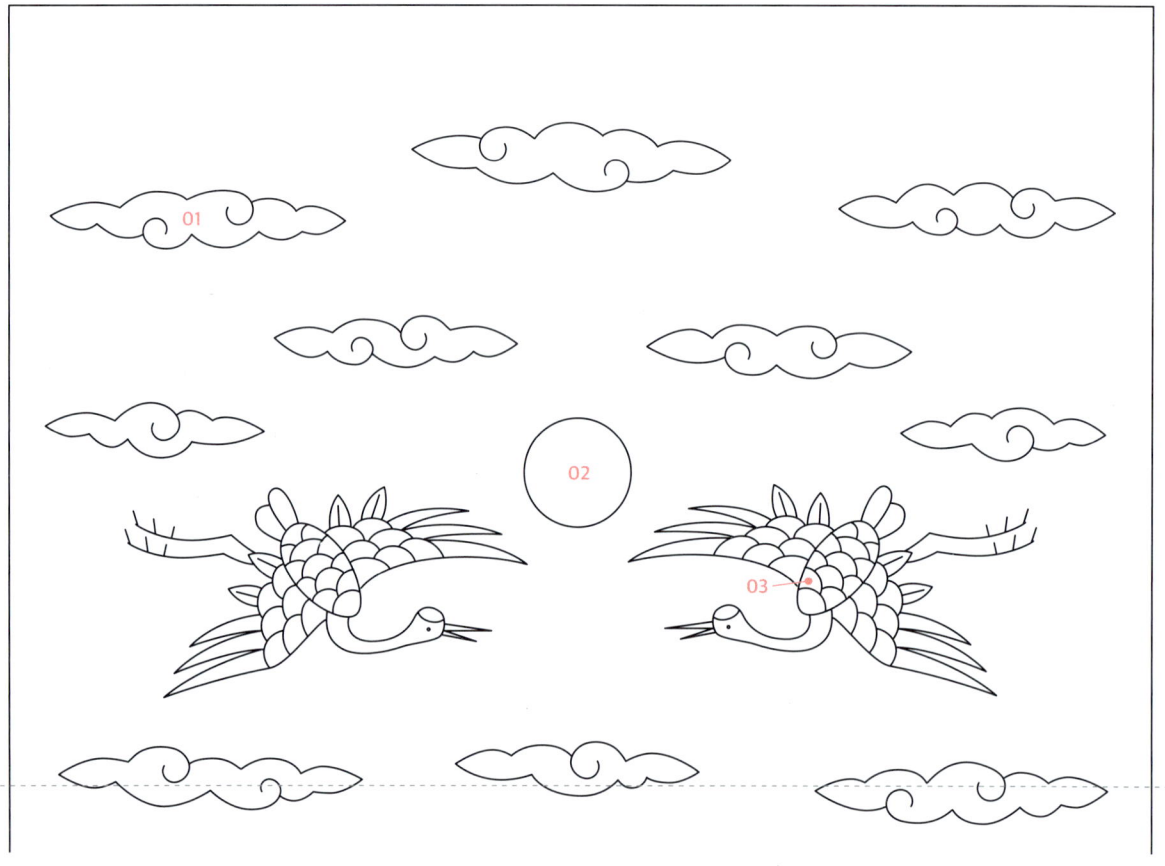

01 우련수, 이음수
02 엊겨놓기수, 징금수
03 **몸통, 날개**: 평수, 이음수
　　머리, 눈: 씨앗수
　　부리, 혀: 평수, 선수
　　꼬리, 검은 깃: 가름수
　　다리, 발톱: 이음수, 점수
04 평수, 씨앗수

05 선수
06 평수
07 이음수, 선수
08 자릿수, 평수
09 평수, 이음수
10 평수, 징금수, 이음수, 선수, 씨앗수
11 **바위**: 자릿수, 평수, 이음수
　　전보: 평수, 징금수

12 **등**: 평수, 귀갑수, 선수
　　머리: 평수, 씨앗수, 이음수
　　발: 평수, 점수
　　꼬리: 평수
13 **몸**: 자련수, 털수, 이음수, 점수
　　눈: 평수, 이음수, 씨앗수
　　뿔: 이음수
　　발: 평수
14 평수, 선수
15 솔잎수, 씨앗수

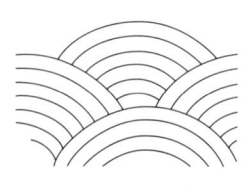

물결_ 평수, 이음수

수직 평수 또는 사선 평수로 물결의 각 칸을 채운 후 이음수로 테두리를 두른다. 물결 가장 윗부분에 파도, 현무와 마주하는 곳의 이음수는 파도와 현무가 완성된 후 둘러준다.

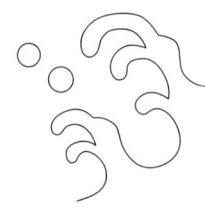

파도_ 자릿수, 평수

0.4~0.5cm 간격으로 가로선을 그어 경계를 표시한 후, 세로 방향의 자릿수를 놓는다. 파도의 넓은 면 중간에 다른 색을 섞어준다. 파도의 좁은 끝부분과 동그란 물거품은 평수로 놓는다.

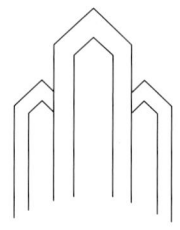

바위_ 자릿수, 평수, 이음수

전보(錢寶)를 제외한 바위 도안에 0.4~0.5cm 간격으로 가로선을 그어 경계를 표시한 후, 세로 방향의 자릿수를 놓는다. 삼각형 지붕 모양을 따라 이음수를 둘러주는데, 이 이음수는 바위 위의 불로초와 잎을 먼저 완성한 후에 놓는다.

전보(錢寶)_ 평수, 징금수

내부의 작은 부분은 직선 평수로, 동그란 테두리 부분은 수의 결을 360도 회전하며 놓는 평수로 채운 후 전체 테두리에 금사 징금수를 두른다.

불로초_ 평수, 이음수, 선수, 씨앗수, 징금수

불로초와 불로초 잎을 사선평수로 채우고 불로초에 이음수나 선수, 씨앗수를 이용하여 장식을 올려준다. 전체 테두리에 굵기가 가는 금사(2호) 두 줄로 징금수를 놓는다. 잎의 뾰족한 모서리 끝에는 고리를 만들어준다.

현무(거북)_ 평수, 씨앗수, 점수, 귀갑수, 선수, 이음수

평수로 머리와 발, 꼬리, 등을 채우고, 눈은 씨앗수로, 발톱은 점수로, 등무늬는 귀갑수와 V자, ㅡ자 선수로 놓고, 혀와 테두리는 이음수로 놓는다.

사슴_ 자련수, 평수, 이음수, 털수, 점수

목에서 다리와 꼬리까지 이어지는 넓은 폭의 몸통을 자련수로 놓고, 머리와 다리 등 폭이 좁은 부분으로 갈수록 평수로 이어지게 한다. 자련수를 놓을 때 농도 차이가 조금씩 나는 같은 계열의 색으로 세 가지 이상을 사용하면 자연스러운 그러데이션을 표현할 수 있다.

등의 줄무늬는 흰색과 검은색의 실을 몇 땀씩 번갈아가며 이음수로 놓는다. 몸통의 얼룩 무늬는 점수로 놓고, 뿔은 얇은 평수나 이음수로 놓는다. 몸통과 허벅다리의 경계선은 뜀수 처리한 후 이음수를 놓는다. 목과 배, 꼬리, 엉덩이 등에는 ½가닥 굵기의 흰색 꼰사로 털수를 놓는다.

풀 – 선수, 이음수

바닥의 가로선은 선수 또는 이음수로 놓고 세로선은 선수로 놓는다.

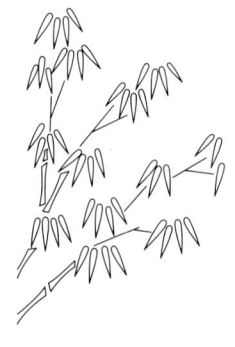

대나무 – 평수, 씨앗수, 선수

잎은 사선 평수로 놓은 후 각 잎의 중앙에 씨앗수를 올려놓는다.
나뭇가지와 줄기는 평수나 길고 짧은 선수를 이용하여 간결하게 표현한다.

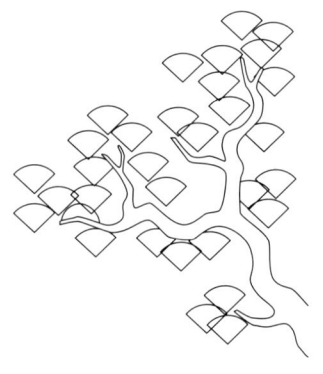

소나무 – 평수, 선수, 솔잎수, 씨앗수

나무는 사선 평수로 놓은 후 V자 선수로 나무껍질 무늬를 표현한다.
부채꼴 솔잎수를 놓고 씨앗수로 솔방울 장식을 한다.

오색구름 – 우련수, 이음수

두 가지 색을 반씩 사용하여 우련수로 채우고 테두리에 이음수를 두른다.

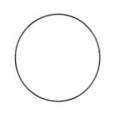

해_ 엇겨놓기수, 징금수

가로 방향의 엇겨놓기수를 놓은 후 가는 금사(2호) 두 줄의 징금수로 테두리를 두른다.

학_ 평수, 가름수, 선수, 이음수, 점수, 씨앗수

흰색의 머리와 몸통, 날개는 모두 평수로 채운 후 도안선을 따라 같은 흰색으로 이음수를 두른다. 끝이 뾰족한 날개 부분은 학의 머리와 가까운 쪽의 한 면만 테두리를 둘러준다. 목 중간 부분에 어두운 색의 이음수를 한 줄 넣어 얼룩무늬를 표현한다.

꼬리털과 어두운 색 깃털은 가름수로 놓은 후 중심선에 선수를 더한다. 부리는 선수나 평수로 놓고, 혀는 선수로 놓는다.

눈과 머리의 빨간 부분은 씨앗수로 놓는다. 빨간 머리 부분에는 먼저 씨앗수와 같은 색의 평수를 놓은 후 그 위에 씨앗수를 올린다.

다리는 이음수로 놓고, 짧은 점수로 발톱을 표현한다. 발톱을 수놓을 때 먼저 수놓은 다리의 땀을 밟아준다.

福囍
문자도

文字圖

좋은 뜻을 가진 글자를 여러 가지 모양으로 나열하는 형식의
문자도, 글자의 뜻과 관련된 그림으로 꾸며진 문자도, 글자 주
변이나 글자 자체를 꽃과 나무, 새 등으로 꾸민 문자도 등 문
자도는 시대별, 지역별로 다양한 모습을 가지고 있습니다. 염
원이나 소망, 덕목이나 가르침을 새기는 의미도 크지만 그림
그 자체로서도 아름다운 문자도입니다. 넓은 면을 채우는 자
릿수 기법을 위주로 하여 간결하고 아기자기한 모양의 '복(福)'
자와 '희(囍)'자를 수놓아보겠습니다.

작품 크기 ────────────

18×18cm(여백 불포함)

재료 ────────────

- **원단** 유백색 광목
- **실** 명주실 꼰사(여러 가지 색), 굵은 면사(흰색)

도움말 ────────────

- 글자를 먼저 수놓은 후 나머지 그림 부분의 수를 놓는다.
- 꽃잎과 잎 등 그림에서 면을 채우는 곳에는 먼저 속수를 놓아준다. 속수의 결 방향은 겉수의 결 방향과 반대가 되도록 한다.
- 두 개 이상의 기법을 겹쳐 사용하는 부분에서는 가장 위에 보이는 것(예: 글자 위의 솔잎, 연잎의 잎맥 등)을 가장 마지막에 수놓는다. 그리고 되도록 바닥에 놓인 수의 땀을 밟아준다.
- 꽃을 수놓을 때 평수나 자릿수, 자련수, 느낌수 등 원하는 기법을 다양하게 사용해도 좋다.

평수, 이음수, 선수, 씨앗수   자릿수   솔잎수, 씨앗수

가름수, 이음수

평수, 선수

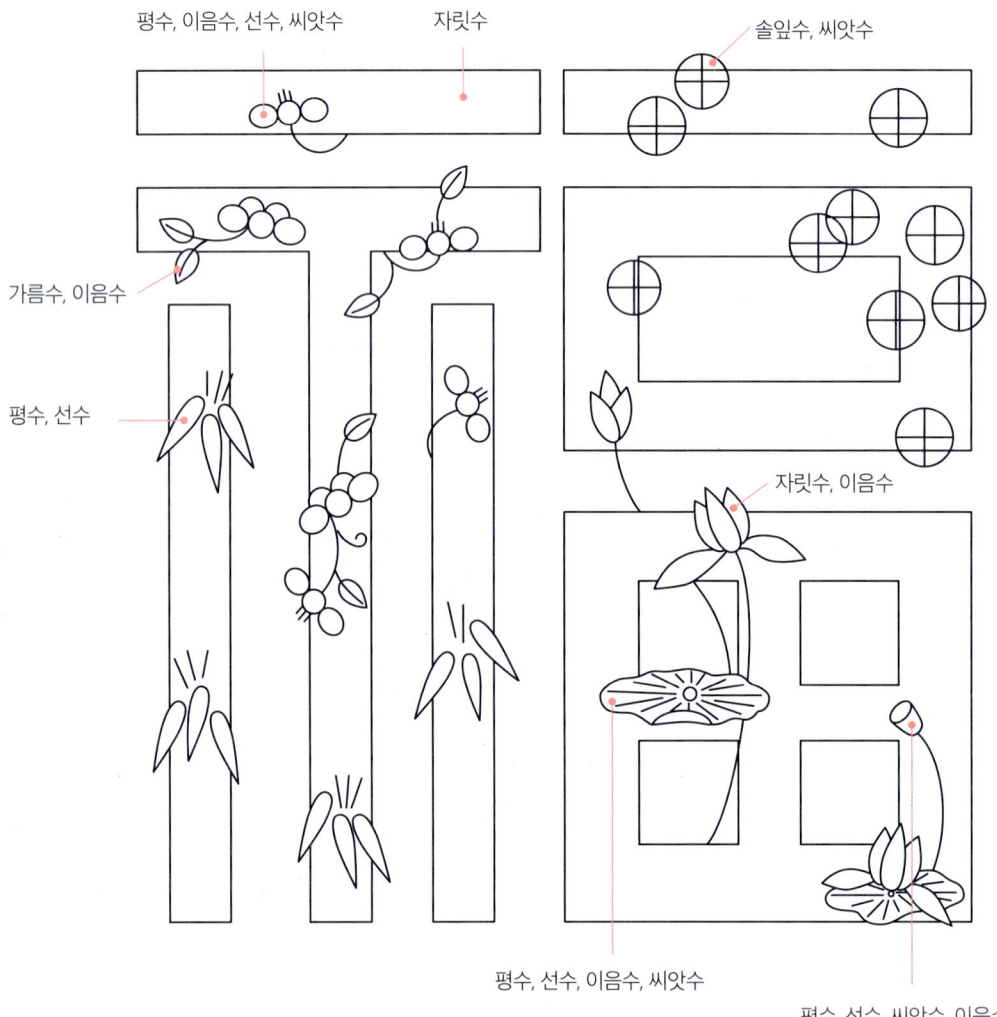

자릿수, 이음수

평수, 선수, 이음수, 씨앗수

평수, 선수, 씨앗수, 이음수

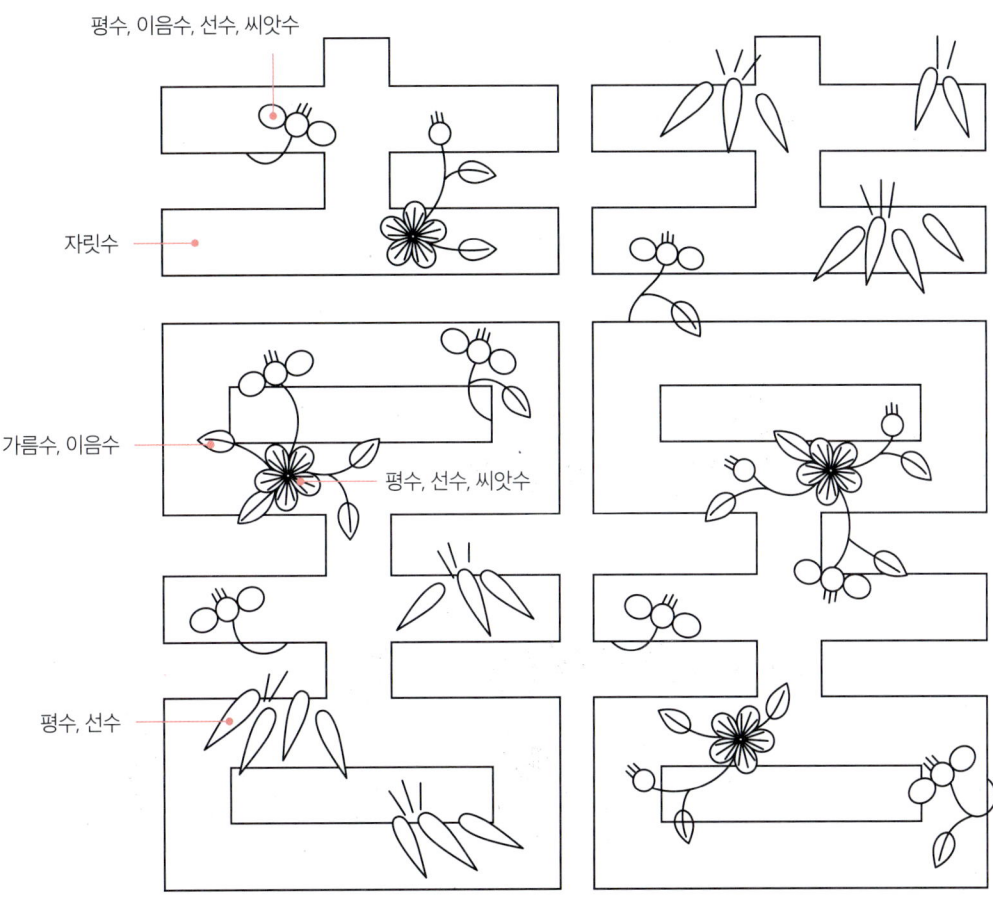

평수, 이음수, 선수, 씨앗수

자릿수

가름수, 이음수

평수, 선수, 씨앗수

평수, 선수

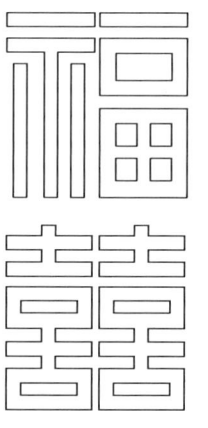

글자 福 囍 _자릿수

0.5cm 간격으로 가로선을 그어 경계를 표시한 후, 세로 방향의 자릿수를 놓는다. 속수와 평수로 채울 부분은 비워두고, 솔잎수가 놓일 자리는 따로 비워두지 않는다.

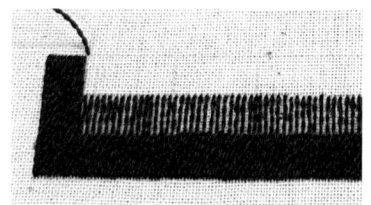

글자를 모두 자릿수로 채우고 난 후 꽃, 잎 등의 도안 안에 굵은 면실로 속수를 넣은 모습

매화_ 속수, 평수, 선수, 씨앗수, 가름수, 이음수

꽃잎은 평수로 채운 후 선수와 씨앗수로 꽃술 장식을 한다. 잎은 가름수로, 줄기는 이음수로 놓는다.

대나무_ 속수, 평수, 선수

잎을 평수로 채우고 잎의 윗부분에 있는 잔가지는 선수로 표현한다.

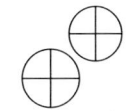

솔잎_ 솔잎수, 씨앗수

자릿수로 놓은 글자 위로 자릿수의 땀을 밟아가며 솔잎수를 놓고, 씨앗수로 솔방울 장식을 한다.

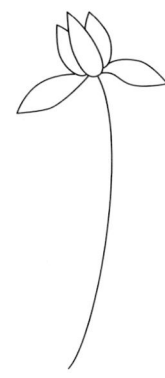

연꽃_ 속수, 자릿수, 이음수

각 꽃잎의 경계를 3분할 하고 두세 가지 색을 사용하여 그러데이션 효과를 내는 자릿수를 놓는다. 필요 시 꽃잎 테두리의 전체 또는 일부에 이음수를 둘러준다. 줄기는 이음수로 놓는다.

연잎_ 속수, 평수, 선수, 이음수, 씨앗수

수평 평수로 연잎을 채우고 그 위에 선수로 잎맥을 놓는다. 평수 위를 다른 수로 눌러주기 때문에 평수의 한 땀 길이가 길어도 괜찮다. 하지만 긴 땀을 피하고 싶다면 평수 대신 단색의 자련수를 놓는다.
잎 한가운데의 동그란 모양이 큰 경우 동그란 부분을 따로 평수로 채우고 경계선은 띔수로 처리한 후 경계선을 따라 이음수를 두른다. 동그란 부분이 작은 경우에는 간단히 씨앗수 하나를 놓아 중심점만 표현한다.

연밥_ 속수, 평수, 선수, 이음수, 씨앗수

연밥의 옆면과 윗면은 경계선이 붙임수인 평수로 놓고, 윗면에 씨앗수로 장식을 더한다. 줄기는 이음수로 놓는다.

길상문
吉祥紋
베갯모

옛사람들은 잠에 들어 휴식을 취하는 동안 좋은 기운이 스며
들기를 바라는 마음으로 베갯모에 다양한 길상문을 새겨 사
용하였습니다. 궁중에서부터 민간에 이르기까지 모두 복이나
장수 등을 상징하는 문양을 수놓아 의미 있고 실용적이면서
도 아름다운 생활용품을 만들었습니다. 길상(吉祥)의 의미를
가진 칠보문(七寶紋) 중 몇 가지와 '수복강녕(壽福康寧)' 글자문
이 들어간 동그란 베갯모 작품을 만들어보겠습니다.

작품 크기

15×15cm(1점)

재료

- **원단** 연분홍색 공단
- **실** 명주실 꼰사(여러 가지 색), 반푼사(노란색, 하늘
  색, 보라색), 금사(5호), 견봉사(노란색), 굵은 면사(흰
  색)

도움말

- 이음수나 징금수 등으로 테두리를 두르는 경우에
  는 그 주변 부분을 먼저 다 채운 후에 놓는다.
- 이음수나 징금수 테두리가 둘러질 부분의 경계선
  은 띔수로 처리한다.
- 여기에서 반푼사는 일반 꼰사의 굵기보다 더 가늘
  거나 더 굵은 꼰사를 만들어 사용하기 위해서 준
  비한 것이다. 징금수를 위해 꼰사를 만들 때에는
  미리 필요한 길이를 확인한 다음 그보다 살짝 넉
  넉한 길이로 준비한다. 반푼사가 없다면 꼰사로
  대체할 수도 있다.

평수, 이음수, 징금수

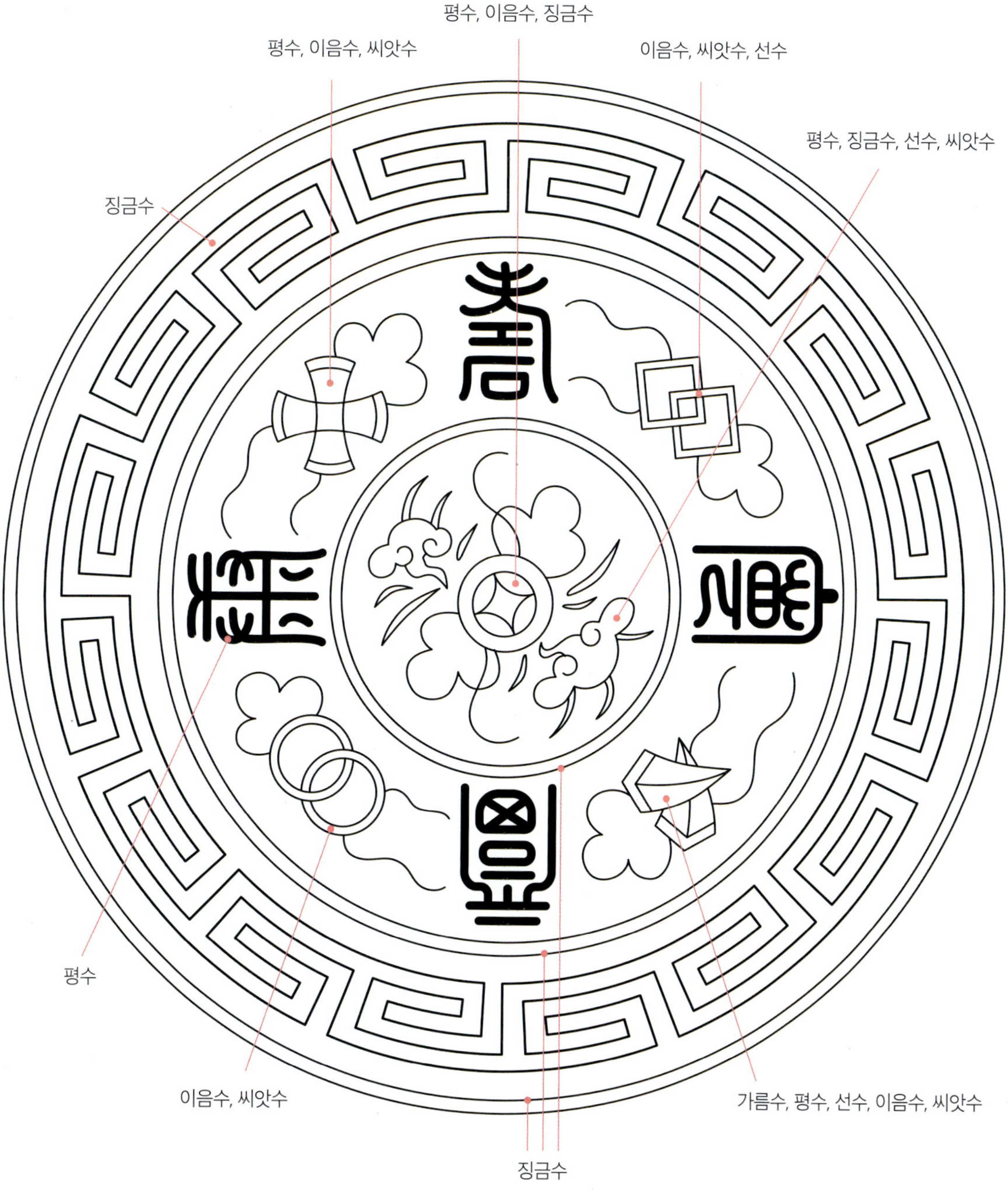

평수, 이음수, 씨앗수

이음수, 씨앗수, 선수

평수, 징금수, 선수, 씨앗수

징금수

평수

이음수, 씨앗수

징금수

가름수, 평수, 선수, 이음수, 씨앗수

179

작은 원 안의 문양

전보(錢寶)_ 평수, 이음수, 징금수

가운데 전보 문양은 평수로 채우고 양옆의 끈은 이음수로 놓는다. 두께를
변화시키며 이음수를 놓으면 더 자연스럽게 나부끼는 끈을 표현할 수 있
다. 이 작품의 다른 문양에 있는 끈 모양은 모두 같은 방식으로 한다. 전체
테두리에 굵은 금사(5호)로 한 줄의 징금수를 놓는다.

불로초_ 평수, 선수, 씨앗수, 징금수

불로초와 잎을 사선평수로 채우고 불로초 내부에 V자 선수와 씨앗수로 장
식한다. 전체 테두리를 금사(5호) 한 줄의 징금수로 둘러준다. 뾰족한 잎
모서리에는 고리를 만들어준다.

중간 원 안의 문양

글자 壽 福 康 寧_ 속수, 평수

굵은 면사로 평수의 결과 반대 방향의 속수를 먼저 놓은 후 사선평수를 놓는다. 속수를 넣지 않아도 무방하다.

전보(錢寶)_ 이음수, 씨앗수

가운데 전보는 네 줄의 이음수로 채우고 양옆의 끈은 한 줄의 이음수로 놓는다. 각 고리의 가장 바깥쪽 사방에 씨앗수로 장식을 더한다.

방승보(方勝寶)_ 이음수, 선수, 씨앗수

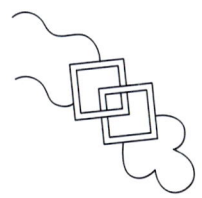

가운데 방승보는 네 줄의 이음수로 채우고 양옆의 끈은 한 줄의 이음수로 놓는다. 각 모서리마다 네 줄의 이음수를 가로지르는 선수를 놓고, 모서리 바깥쪽에 씨앗수 장식을 한다.

화보(畵寶)_ 평수, 이음수, 씨앗수

화보는 각 화보의 길이 방향의 결로 평수를 채운다. 하나의 화보 안에서 얇은 테두리와 마주하는 경계선은 붙임수로 두고, 화보와 화보가 겹쳐서 생기는 중앙의 경계선은 띔수로 둔다. 화보의 테두리에 이음수를 두르고, 정중앙과 사방에 씨앗수를 놓는다.

서각보(犀角寶)_ 가름수, 평수, 선수, 이음수 씨앗수

서각보는 가름수와 평수로 놓은 후 그 위에 V자 선수로 장식을 얹는다. 평수는 가름수의 결 방향과 반대로 하여 질감에 차이를 준다. 서각보의 중심선과 테두리에 이음수를 놓고, 모서리마다 씨앗수를 놓는다.

아(亞)자 문양 _ 징금수

피징금사와 징금사는 같은 색의 반푼사를 이용하여 각각 원하는 굵기의 꼰사로 만들어 사용한다. 굵은 꼰사의 길이를 최대한 길게 하여 중간에 끊는 부분을 최소화하는 것이 좋다.

- **피징금사**: 일반 꼰사의 2가닥 굵기 좌연사 두 줄
- **징금사**: 일반 꼰사의 ½가닥 굵기 꼰사

굵은 꼰사 두 줄을 나란히 두고 도안을 따라 징거준다. 한 번에 두 줄씩 징거서 도안을 두 바퀴 돌면 총 네 줄의 꼰사로 문양을 채울 수 있다. 징금수가 끝나면 일반 굵기의 같은 색상 꼰사로 각 모서리마다 네 줄의 굵은 꼰사를 가로지르는 선수를 놓는다.

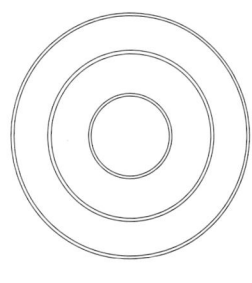

둥근 테두리 _ 징금수

- **피징금사**: 일반 꼰사의 2가닥 굵기 좌연사와 우연사 각각 한 줄
- **징금사**: 일반 꼰사의 ½가닥 굵기 꼰사

굵은 꼰사 두 줄을 나란히 징거준다. 서로 다른 색의 꼰사 두 줄을 동시에 징그는 경우 징금사의 색상은 눈에 덜 띄는 색으로 정한다.

수놓은 작품은 어느 한 곳에 두고 감상할 때도 좋지만, 그것이 일상에 쓸모 있는 무언가가 되어 우리와 함께 시간을 보낼 때 더욱 빛나기도 합니다. 바늘집이나 주머니, 보자기에서부터 흉배나 병풍에 이르기까지 오래된 자수 작품도 대부분은 당시 생활 속 다양한 곳에서 실용되었습니다.

생활 속에 아름다움을 수놓았던 옛사람들의 감각과 유행이 계속해서 이어지길 바라며, 나만의 의미를 담아 사용할 만한 소품을 만들어봅시다. 항상 곁에 두고 필요한 곳에 쓰이며 손때가 묻은 작품에는 일부러 만들어내기 어려운 멋이 스며들어 있습니다.

3장

소품 만들기

네모난 칠보문 바늘방석

바느질을 좋아하는 사람이라면 바느질 도구에도 관심과 애정을 많이 갖게 됩니다. 그중에서도 바늘방석은 그 모양이 다양할 뿐만 아니라 내 손으로 직접 만들어 두고두고 사용할 수 있는 도구이기 때문에 특별히 더 애착이 가기도 합니다. 이 책에서는 두 가지 모양의 바늘방석을 만들어볼 것인데, 먼저 칠보수 기법을 활용하여 기하학적인 문양을 수놓은 네모난 바늘방석을 만들어보겠습니다.

재료

- **원단**(바늘방석 1개 분량)

  자수용_ 공단 10×8cm 1장

  장식용_ 공단 10×8cm 1장, 명주(안감용) 10×8cm 2장

- **실**

  자수용_ 명주실 꼰사

  만들기용_ 재봉실, 명주실 꼰사 또는 굵은 견봉사

- **기타 재료**

  솜, 바늘, 가위, 시침핀, 자

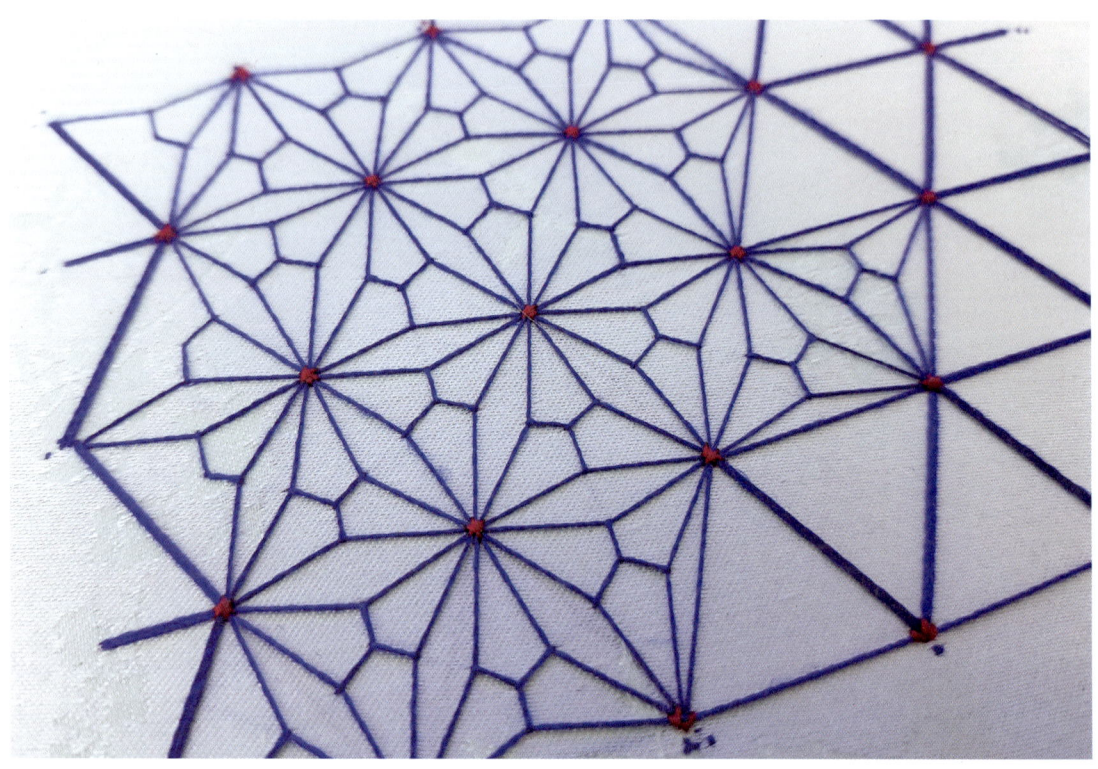

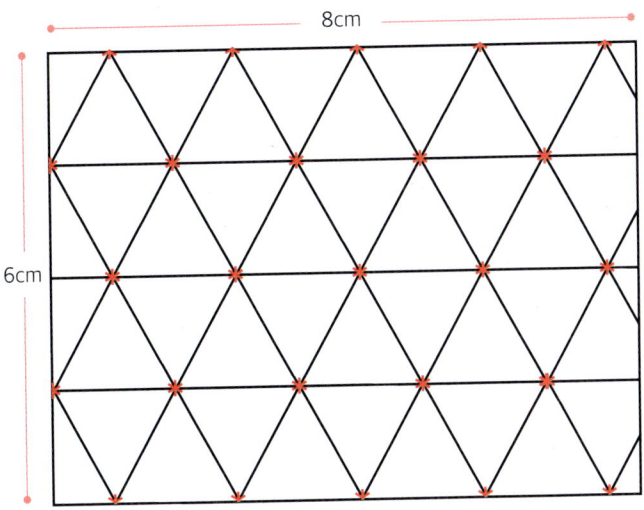

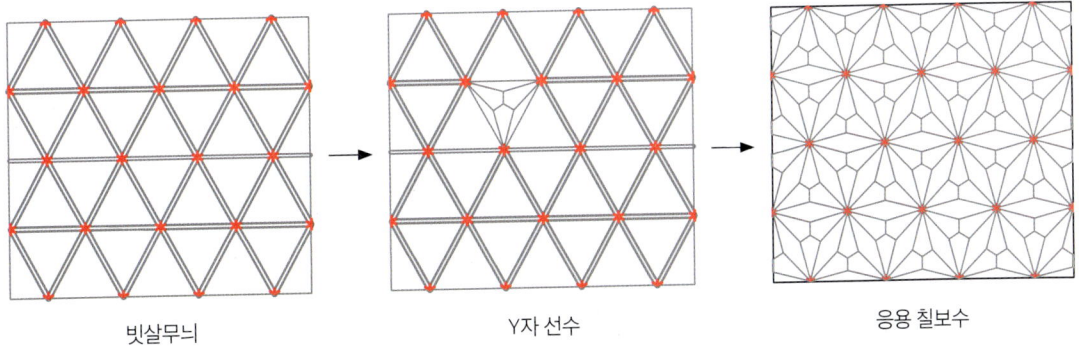

빗살무늬   Y자 선수   응용 칠보수

바늘방석 만들기

◉ 재료 준비

  수놓은 원단과 다른 원단의 뒷면에 패턴과 시접선(폭 0.5~1cm)을 그린 후 자릅니다.

◉ 만드는 방법

01 —————————————————————————

먼저 안감을 이용하여 솜이 든 주머니를 만듭니다. 안감 두 장을 맞대어 시침핀으로 고정시
킨 후 창구멍을 제외한 면을 2~3mm 길이의 땀으로 박음질합니다.

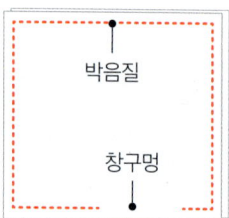

박음질

창구멍

02 —————————————————————————

창구멍을 통해 원단을 뒤집어주고, 솜을 가득 채운 후 공
그르기로 막아줍니다. 이때 두꺼운 종이(8×6cm) 한 장을
같이 넣어주면 나중에 바늘 끝이 바늘방석 속에 숨거나
밖으로 튀어나오는 것을 방지할 수 있습니다.

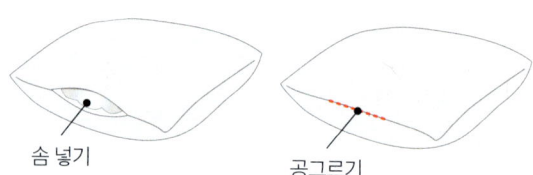

솜 넣기

공그르기

03 —————————————————————————

이번에는 겉감 두 장의 앞면을 서로 맞대어 시침핀으로
고정시킨 후 창구멍이 될 짧은 한 면을 제외한 나머지 면
을 2~3mm의 땀으로 박음질합니다. 그다음 창구멍으로
원단의 앞면이 보이도록 뒤집어줍니다.

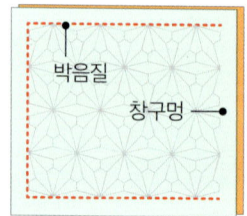

박음질

창구멍

04 ———

창구멍으로 솜 주머니를 넣은 후 공그르기로 막아줍니다. 솜 주머니에 두꺼운 종이를 넣은 경우에는 종이가 바늘방석의 바닥면
에 오도록 둡니다.

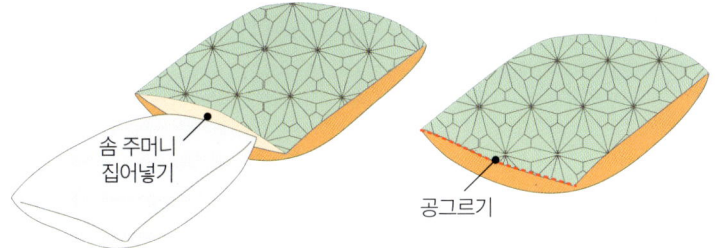

솜 주머니
집어넣기

공그르기

05 ———

바느질선을 따라 명주실 꼰사나 비슷한 굵기의 견봉사로 사뜨기를 합니다.

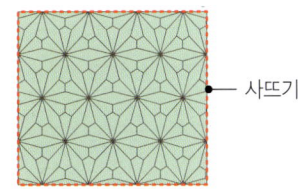

사뜨기

06 ———

명주실로 술을 만들어서 모서리에 달아줍니다.

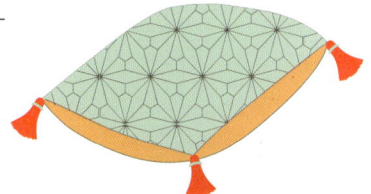

술 만드는 방법

01

완성될 술 길이의 두 배보다 살짝 긴 높이의 두꺼운 종이에 실을 여러 겹 감고, 한쪽의 중간을 다른 실로 꽉 조여 묶는다.

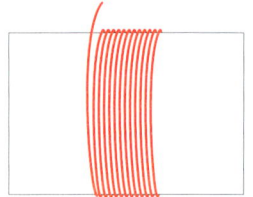 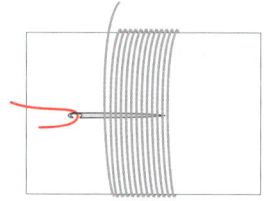 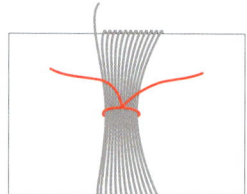

02

종이를 뺀 다음 나머지 쪽의 실과도 함께 묶은 다음 양끝의 고리를 가위로 자른다.

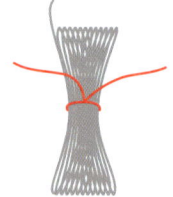 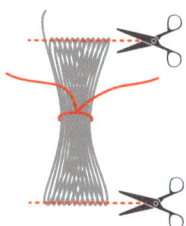

03

실 묶음을 반으로 접은 후 살짝 아래쪽에서 실을 여러 번 감아 전체를 세게 묶어준다. 그리고 마지막에 원하는 길이만큼 가위로 잘라 정리한다.

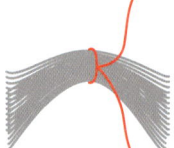  

동그란 꽃 바늘방석

바느질을 하면서 무언가 만들고 남은 작은 천조각을 잘 모아두었다가 조각
보나 소품을 만드는 일은 예부터 전해오는 우리 생활의 지혜이자 재미입니
다. 작은 천조각도 귀하게 여기고 아껴 쓸 줄 아는 마음과 다양한 소재와 색
을 조화롭게 구성할 줄 아는 감각이 더해져 세상에 하나뿐인 작품이 탄생합
니다. 여기에서도 쓰다 남은 천이나 명주실이 있다면 그것을 사용해서 저마
다 다른 모양, 다른 색으로 수를 놓고 또 그 조각을 이어서 동그란 모양의 바
늘방석을 만들어보면 좋겠습니다.

재 료

• 원단(바늘방석 1개 분량)

  자수용_ 명주 5×5cm 빨간색 2장, 남색 1장, 연두색 1장

  장식용_ 명주 24×4cm 1장, 명주 9×9cm 1장

• 실

  자수용_ 명주실 꼰사

  만들기용_ 재봉실, 명주실 꼰사

• 기타 재료

  솜, 바늘, 가위, 시침핀, 자

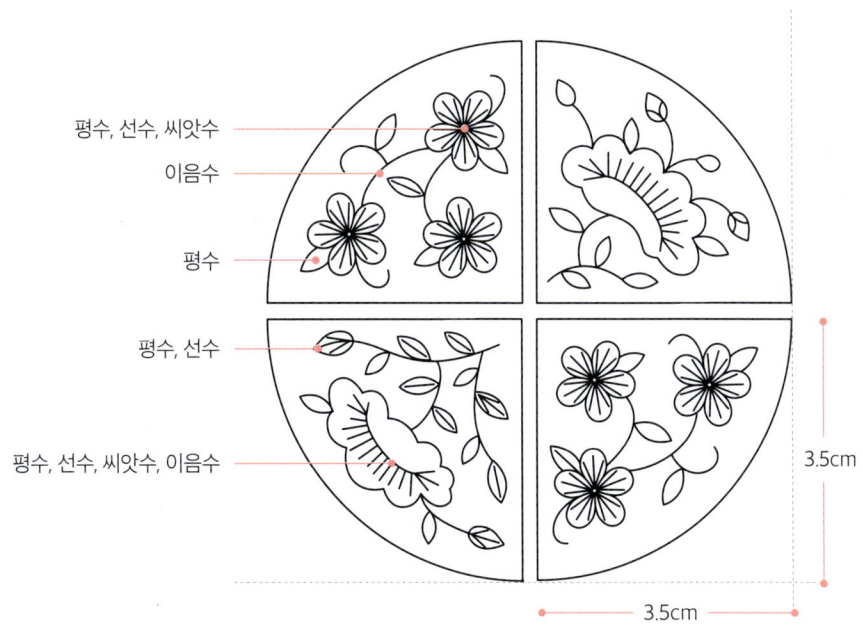

평수, 선수, 씨앗수

이음수

평수

평수, 선수

평수, 선수, 씨앗수, 이음수

3.5cm

3.5cm

바늘방석 만들기

⁕ 재료 준비

• 수놓은 원단 네 조각을 바느질로 이어 붙여서 지름 9cm 이상의 원을 만듭니다.

• 수놓은 원단과 다른 원단의 뒷면에 패턴과 시접선(폭 0.5~1cm)을 그린 후 자릅니다.

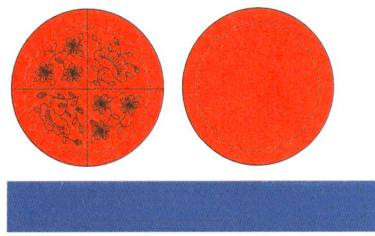

⁕ 만드는 방법

박음질

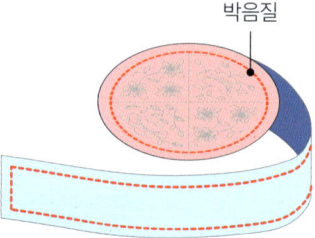

01 ─────────────────────────────

윗면(수놓인 원단)과 옆면을 맞대어 패턴에 맞게 시침핀으로 고정시킨 후 2~3mm 정도의 땀으로 박음질합니다.

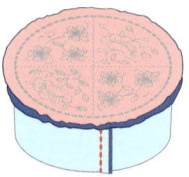

02 ─────────────────────────────

옆면의 양끝이 만나는 부분도 박음질합니다.

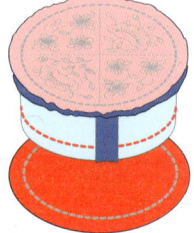

03 ─────────────────────────────

아랫면도 위와 마찬가지로 옆면과 연결하는데, 창구멍 분량으로 4~5cm 정도를 남겨둡니다.

04

창구멍을 통해 원단의 앞면이 나오도록 뒤집은 후 솜을 안에 가득 채우고 공그르기로 창구멍을 막아줍니다. 솜을 넣기 전에 동그랗게 자른 두꺼운 종이(지름 7cm)를 바닥면에 넣어 놓으면 나중에 바늘이 바닥에 튀어나오는 것을 방지할 수 있습니다.

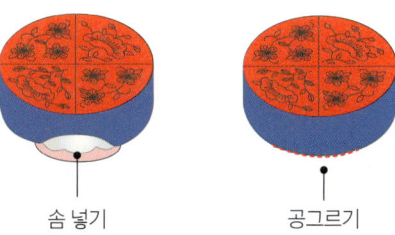

솜 넣기   공그르기

05

바느질선을 따라 명주실로 사뜨기 장식을 더해주면 완성입니다. 여러 가지 색의 명주실을 모아 술이나 고리를 만들어 달아도 좋습니다.

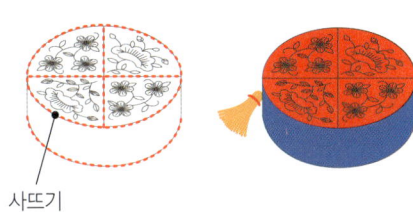

사뜨기

소나무 명함지갑

여러 전통 주머니 종류 중에 상비약을 넣어 다니는 '약낭(藥囊, 약주머니)'이 있
습니다. 약낭에 매듭을 달기 전 모습은 직사각형의 주머니 형태입니다. 그
런 모양을 명함 크기에 맞게 축소하고 매듭 대신 단추를 달아 명함지갑이나
카드지갑으로 사용할 수 있도록 만들어보았습니다. 명함이나 카드 외에도
주머니 안에 담아두고 싶은 물건의 크기에 맞게 도안을 확대·축소하여 다양
한 용도의 주머니를 만들어보는 것도 재미있을 것입니다.

- 원단(명함지갑 1개 분량)

  자수용_ 공단 13×22cm 1장

  안감용_ 얇은 명주 13×22cm 1장

- 실

  자수용_ 명주실 꼰사 또는 반푼사, 금사(2호), 견봉사(노란색)

  만들기용_ 재봉실

- 기타 재료

  바늘, 가위, 시침핀, 자, 똑딱단추, 다리미

솔잎수, 씨앗수

자련수, 씨앗수, 이음수

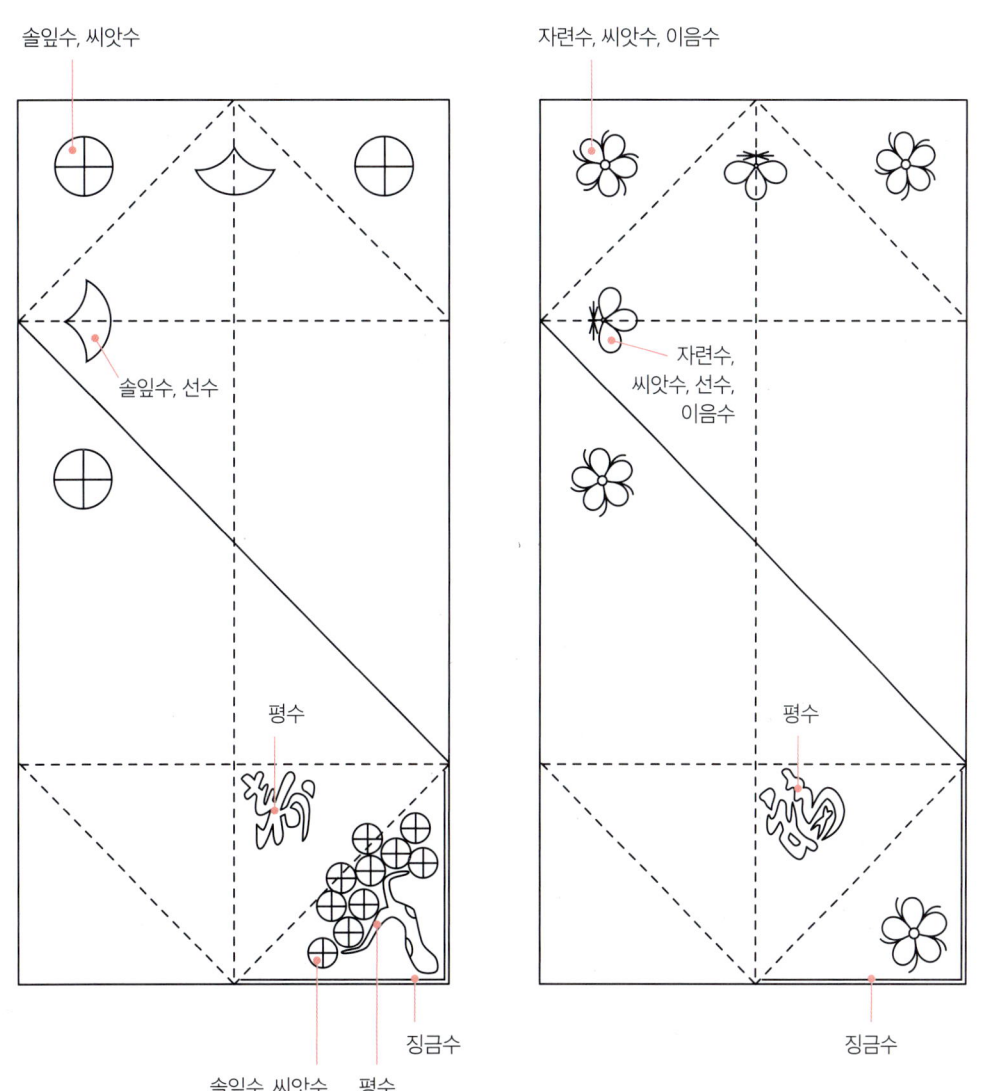

솔잎수, 선수

자련수, 씨앗수, 선수, 이음수

평수

평수

징금수

솔잎수, 씨앗수   평수

징금수

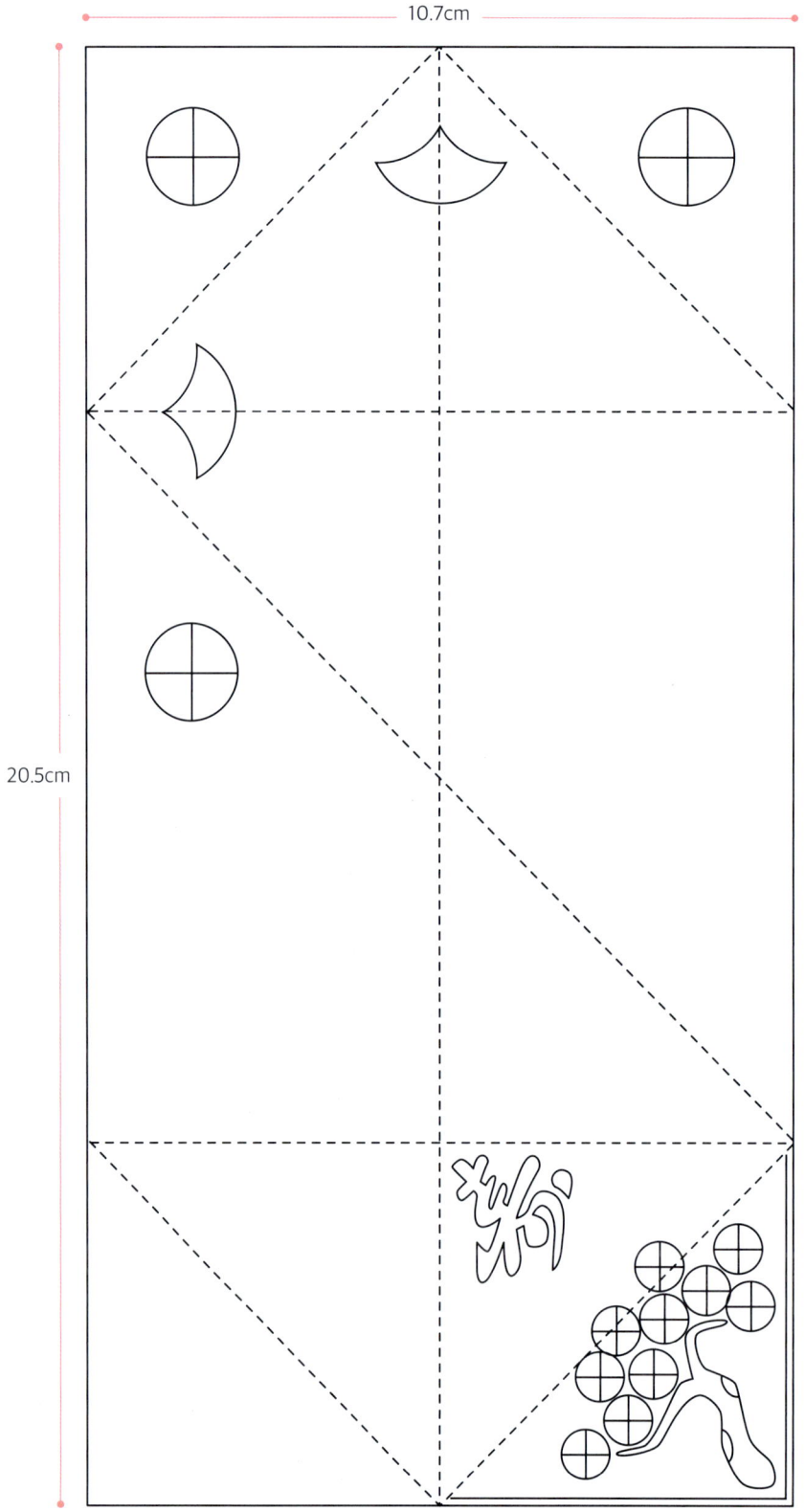

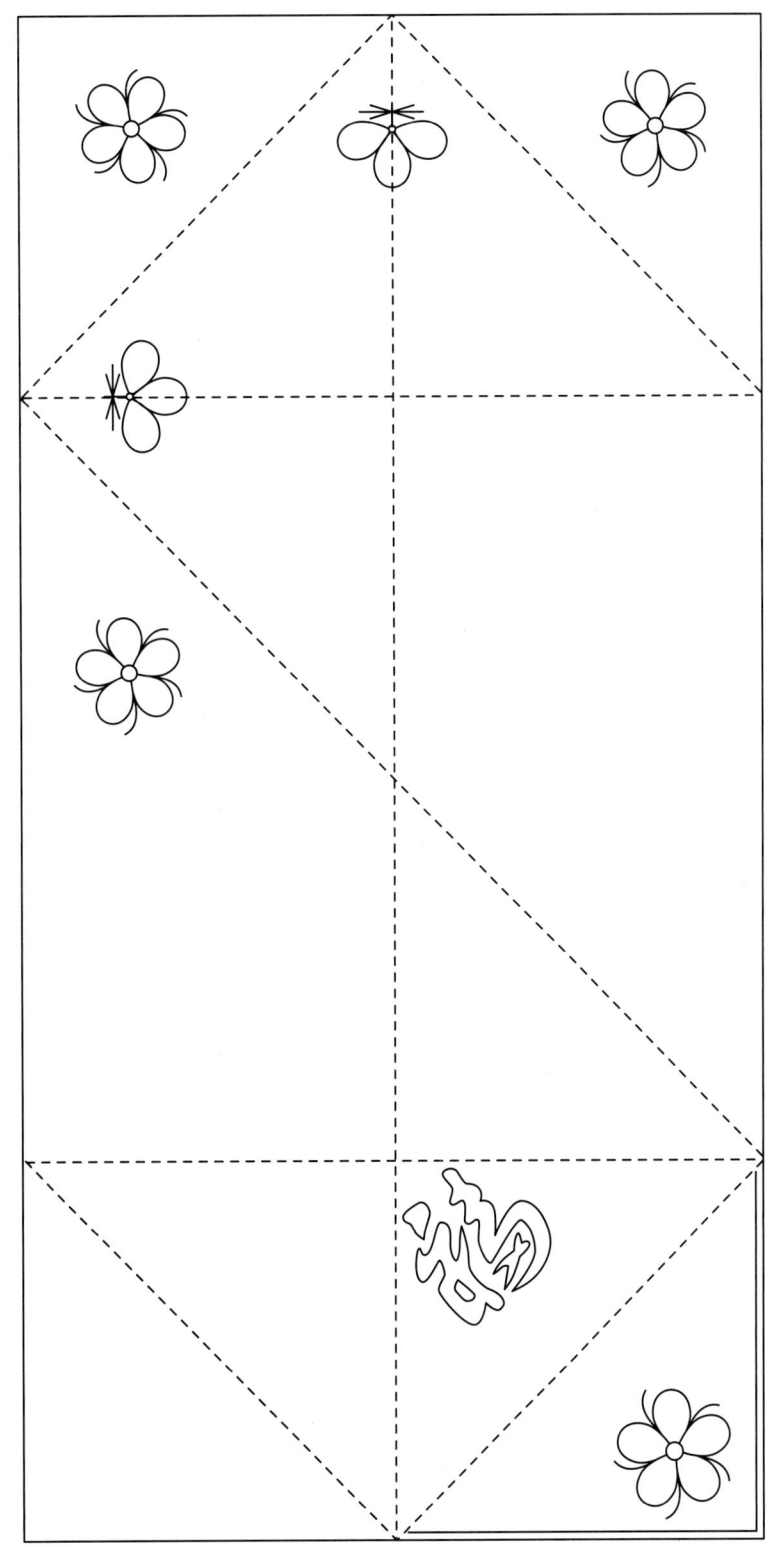

명함지갑(약낭) 만들기

✸ 재료 준비

겉감(수놓은 원단)과 안감의 뒷면에 패턴과 시접선(폭 0.5~1cm)을 그린 후 자릅니다.

✸ 만드는 방법

01

겉감과 안감의 앞면을 맞대어 시침핀으로 고정시킨 후 창구멍(4~5㎝)을 남기고 2~3mm 정도의 땀으로 박음질합니다.

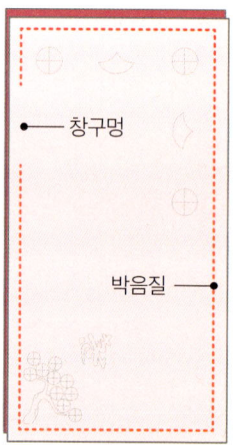

02

창구멍을 통해 원단의 앞면이 나오도록 뒤집고, 공그르기로 창구멍을 막아줍니다.

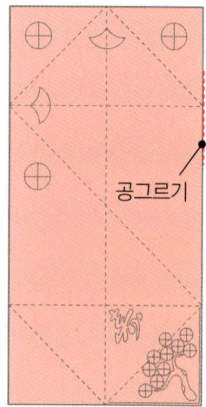

03 ──────────────────────

그림과 같이 종이접기를 하듯이 접어 공그르기로 연결합니다(공그르기 후 사뜨기 장식을 더해주어도 좋습니다).

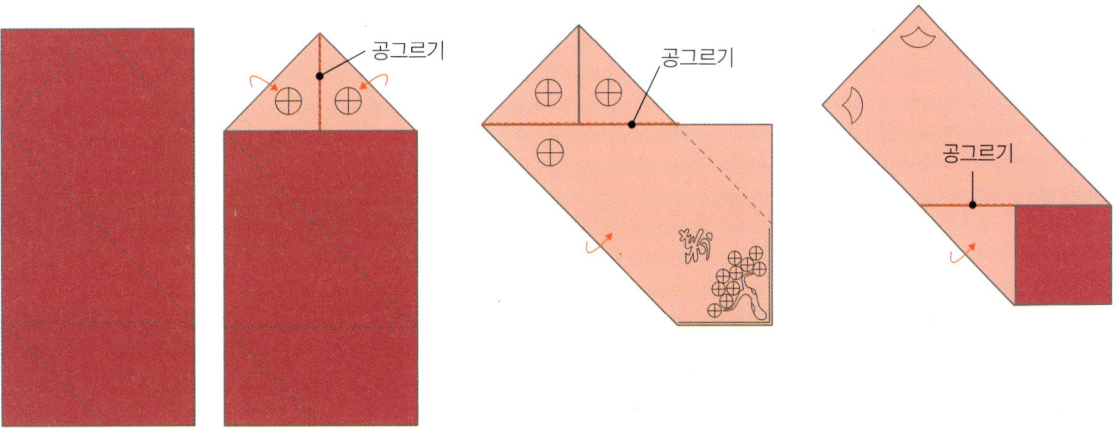

04 ──────────────────────

입구에 맞게 똑딱단추를 달면 완성입니다.

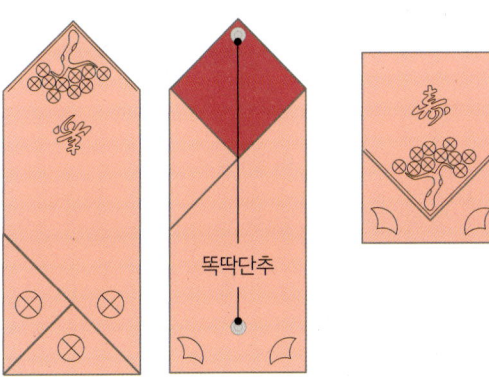

꽃과 벌 명함지갑

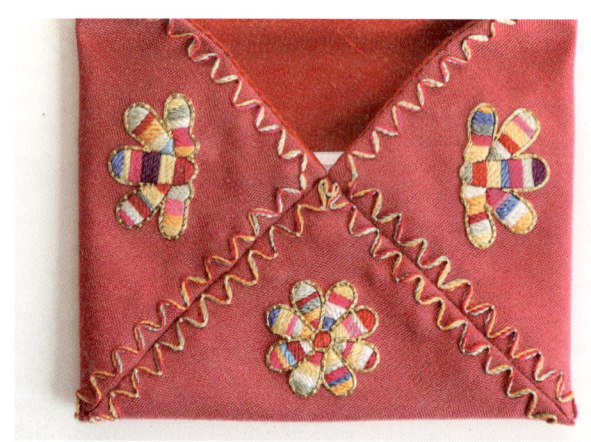

자수 유물 중 종이 버선본을 보관해두는 버선본집이 있습니다. 정사각형 원
단에 아기자기하고 알록달록한 수를 놓고 네 면의 모서리를 가운데로 모아
접는 형태의 주머니입니다. 그런 버선본집 모양을 응용하여 명함이나 카드
또는 장신구 등을 넣을 수 있는 작은 주머니를 만들어보겠습니다.

• 원단(명함지갑 1개 분량)

   자수용_ 바탕천 명주 진분홍색 16×16cm 1장

   안감용_ 얇은 명주 진홍색 16×16cm 1장

• 실

   자수용_ 명주실 꼰사, 금사(2호), 견봉사(노란색)

   만들기용_ 재봉실

• 기타 재료

   바늘, 가위, 시침핀, 자, 다리미

14cm

14cm

평수, 징금수

평수, 징금수

징금수
* 서로 다른 색의 꼰사 세 가닥을 나란히 두고 지그재그 모양으로 징거줍니다. 피징금사와 징금사
  모두 일반 굵기의 꼰사를 사용합니다. 금사와 달리 일반 명주실은 잘 징거주더라도 뒤에 매듭을
  묶어주지 않으면 빠져나오기 쉬우므로 시작과 마무리에 매듭을 만들어줍니다.

명함지갑 만들기

❋ **재료 준비**

겉감(수놓은 원단)과 안감의 뒷면에 패턴과 시접선(폭 0.5~1cm)을 그린 후 자릅니다.

❋ **만드는 방법**

01

겉감과 안감의 앞면을 맞대어 시침핀으로 고정시킨 후 창구멍(4~5cm)을 남기고 2~3mm 정도의 땀으로 박음질합니다.

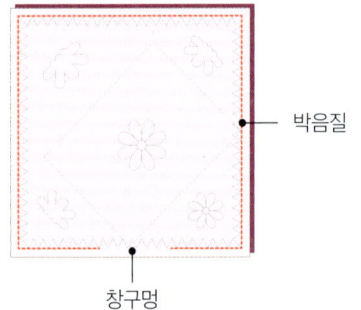

박음질

창구멍

02

창구멍을 통해 원단의 앞면이 나오도록 뒤집은 후 공그르기로 창구멍을 막아줍니다.

공그르기

03

입구(큰 벌이 있는 쪽)를 제외한 나머지 부분의 모서리가 가운데로 오도록 접어 공그르기로 이어주면 완성입니다.

공그르기

04

고리나 똑딱단추 등을 달아주어도 좋습니다.

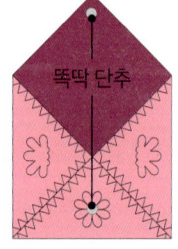

똑딱 단추

작은 꽃 보자기

어떤 물건을 포장하고 보관하는 데 두루 사용된 보자기는 그 다양한 쓰임새
는 물론, 보자기에 놓인 수 자체로의 예술성도 가지고 있습니다. 여러 가지
원단 조각을 이어 붙이거나 수를 놓아 만든 아름다운 작품을 눈으로만 보는
것이 아니라 실생활에 사용할 수 있다는 점이 보자기가 주는 큰 재미입니다.
안에 담을 물건에 따라 보자기의 크기도 천차만별인데, 여기에서는 반지나
도장 등 작고 귀중한 것을 담을 만한 작은 보자기를 만들어보겠습니다.

재료

- 원단(보자기 1개 분량)

  자수용_ 공단 황색 16×16cm 1장

  안감용, 끈_ 얇은 명주 진홍색 16×16cm 1장,
  3×43cm 1장

- 실

  자수용_ 명주실 꼰사, 금사(5호), 견봉사(노란색)

  만들기용_ 재봉실

- 기타 재료

  바늘, 가위, 시침핀, 자, 다리미

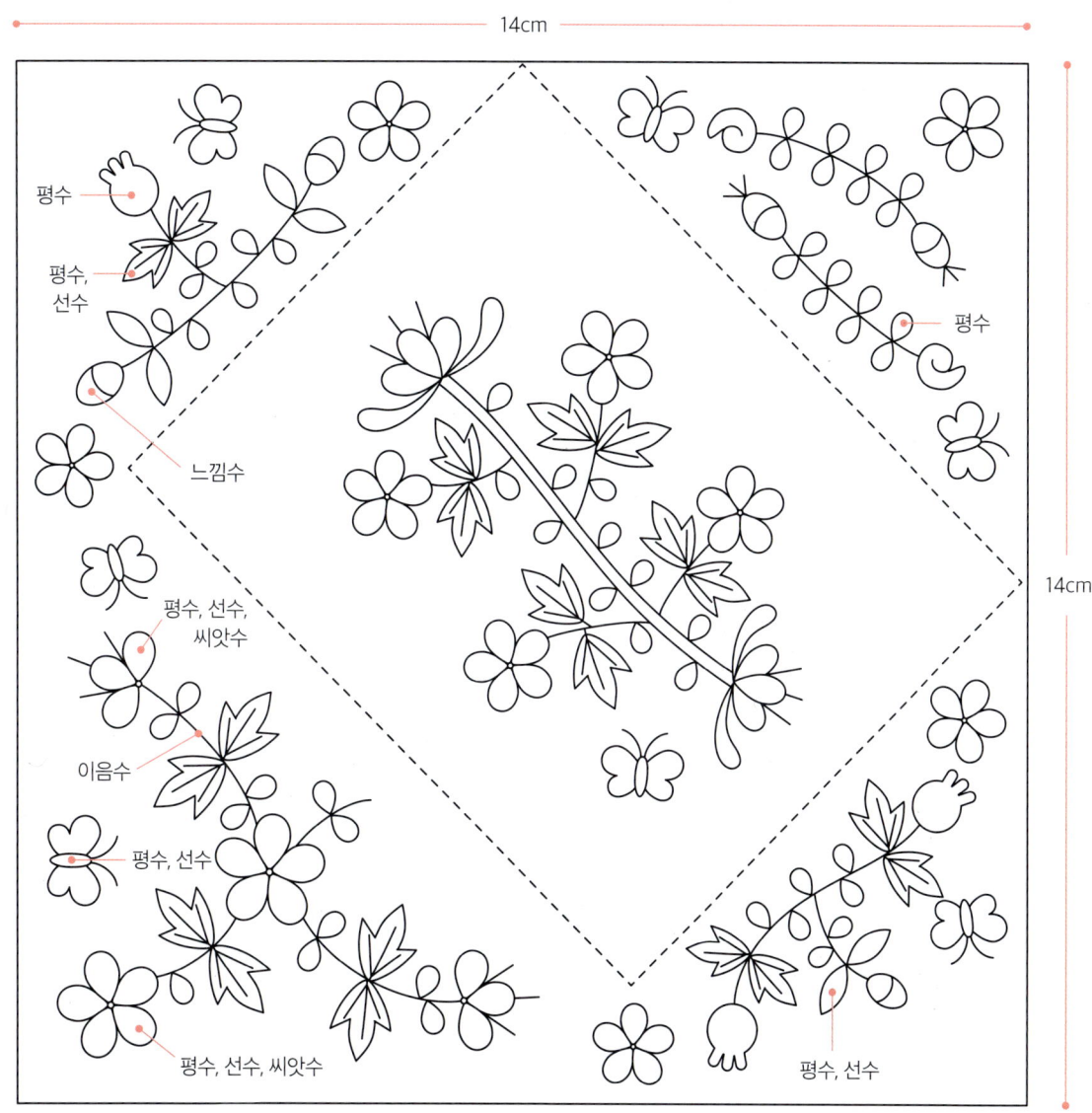

14cm

14cm

평수

평수,
선수

느낌수

평수, 선수,
씨앗수

이음수

평수, 선수

평수, 선수, 씨앗수

평수

평수, 선수

전체 테두리 징금수

보자기 만들기

◉ 재료 준비

겉감(수놓은 원단)과 안감, 끈 원단의 뒷면에 패턴과 시접선(폭 0.5~1cm)을 그린 후 자릅니다.

◉ 만드는 방법

01 ─────────────────

겉감과 안감의 앞면을 맞대어 시침핀으로 고정시킨 후 창구멍(4~5cm)을 남기고 2~3mm 정도의 땀으로 박음질합니다.

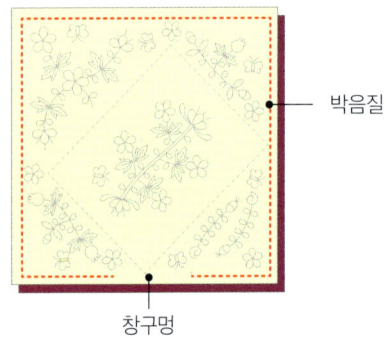

박음질

창구멍

02 ─────────────────

창구멍을 통해 원단의 앞면이 나오도록 뒤집은 후 공그르기로 창구멍을 막아 보자기를 완성해둡니다.

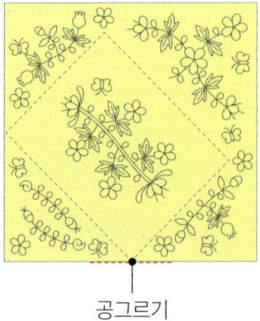

공그르기

03 ─────────────────

끈을 만들 원단의 시접 부분을 안쪽으로 접어 다림질한 후 공그르기로 시접선을 바느질합니다.

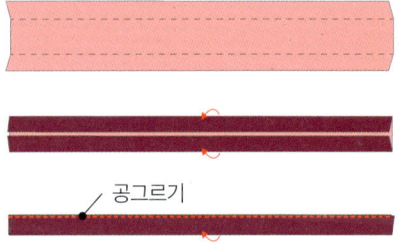

공그르기

04

가장 큰 꽃이 있는 모서리 부분에 그림과 같이 끈을 놓고 박음질하면 완성입니다. 이 도안으로 앞의 '꽃과 벌 명함지갑 (208쪽)'과 같은 주머니 모양을 만들 수도 있습니다.

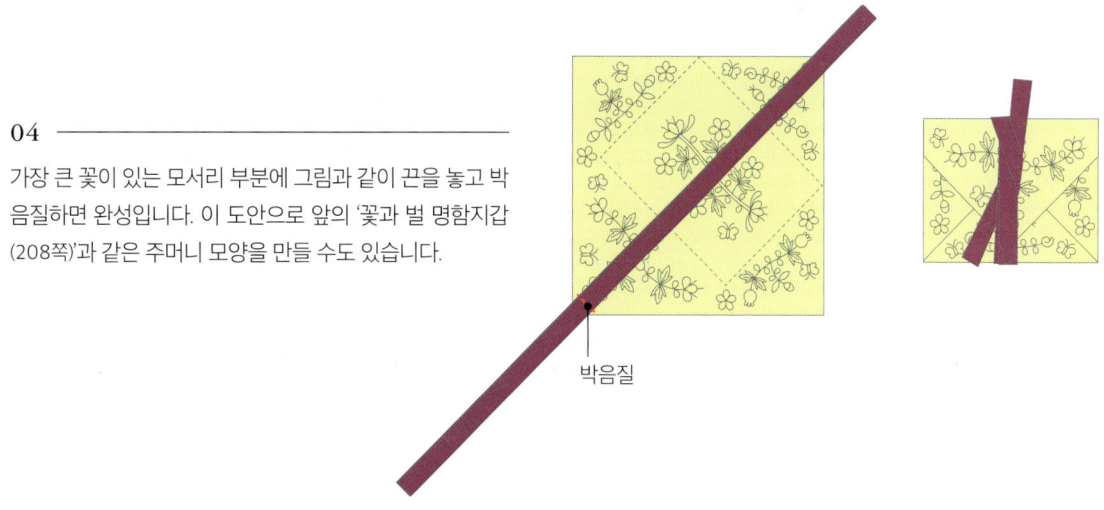

박음질

꽃 두루주머니

본래 옷에 주머니가 없는 한복의 특성상 우리나라에는 따로 차고 다니는 형태의 주머니가 다양하게 만들어졌습니다. 둥그스름한 모양의 두루주머니(염낭), 양쪽 모서리가 튀어나온 귀주머니, 향을 넣어두던 향주머니(향낭), 비상약을 넣어두는 약주머니(약낭), 오방색이 들어간 오방주머니(오방낭) 등 모양과 재료, 쓰임새에 따라 종류가 다양합니다. 그중 우리에게 복주머니로 익숙한 두루주머니를 만들어보겠습니다.

재 료

- 원단(주머니 1개 분량)

  자수용_ 공단 진홍색 20×15cm 2장

  안감용_ 얇은 명주 진홍색 20×13cm 2장

- 실

  자수용_ 명주실 꼰사와 반푼사

  만들기용_ 재봉실

- 기타 재료

  바늘, 가위, 시침핀, 자, 다리미, 송곳, 매듭끈

  * 매듭은 시판되는 매듭을 사서 직접 달거나 매듭공방에 의뢰하여 맡길 수 있습니다.

수놓기

자련수, 이음수

가름수, 선수

이음수

자릿수, 이음수

자련수, 이음수

평수, 이음수

평수

이음수

자릿수, 이음수

225

12cm

18cm

❋ 재료 준비

원단 뒷면에 바느질선을 그릴 때, 겉감(수놓은 원단)은 도안보다 높이를 1~2cm 늘이고, 안감은 1~2cm 줄입니다. 그다음 시접선(폭 0.5~1cm)을 그린 후 자릅니다.

❋ 만드는 방법

01 ———————————

겉감 한 장과 안감 한 장의 앞면을 맞대어 시침핀으로 고정시킨 후 직선 부분을 박음질합니다. 나머지 겉감과 안감도 똑같이 합니다.

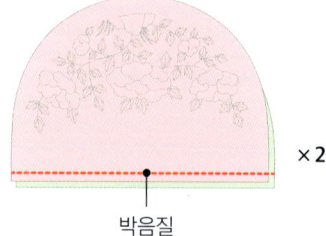

02 ———————————

시접을 한쪽으로 넘겨서 손톱이나 다리미로 살짝 눌러줍니다.

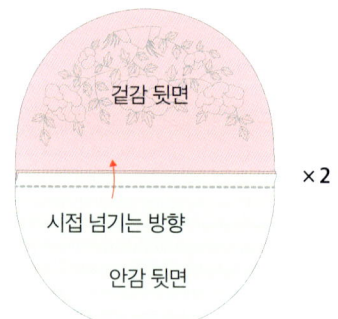

03 ————————————————

바느질선에 맞게 겉감은 겉감끼리 안감은 안감끼리 서로 앞면을 마주 보도록 하여 시침핀으로 고정시킨 후 2~3mm 정도의 땀으로 박음질합니다. 이때 창구멍 (4~5cm)은 안감의 아랫부분에 둡니다.

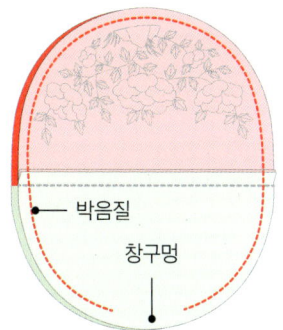

박음질

창구멍

반을 접으면 겉감 쪽에 접힌 자국이 생긴다.

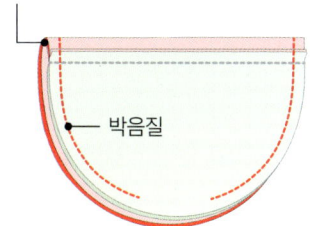

박음질

04 ————————————————

전체를 반으로 접어 총 네 겹의 원단이 움직이지 않도록 시침핀으로 고정시킵니다. 창구멍을 제외한 부분의 바느질선을 따라 네 겹을 한꺼번에 박음질합니다. 그리고 둥근 모서리의 시접을 한쪽 방향으로 접어 눌러줍니다.

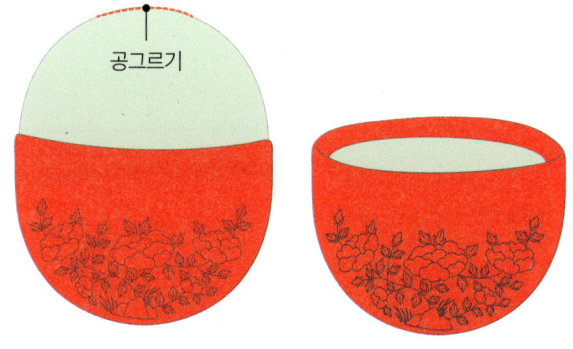

공그르기

05 ————————————————

창구멍을 통해 원단의 앞면이 나오도록 전부 뒤집습니다. 공그르기로 창구멍을 막아준 후 안감을 겉감 안으로 넣어 정리합니다.

06 ————————————————

입구에 다섯 개의 모주름을 잡아줍니다.

07 ——

주름이 흐트러지지 않도록 주름 잡은 곳 주변을 재봉실로 바느질하여 고정시킵니다.

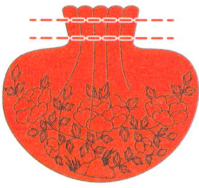

08 ——

송곳으로 각각의 주름 전체를 관통하는 구멍을 내고 굵은 실을 끼워줍니다. 매듭 끈이 꿰어질 수 있도록 구멍을 충분히 크게 뚫는 것이 좋습니다. 매듭을 전문가에게 맡기는 경우 이 단계까지 하고 나서 맡기도록 합니다.

09 ——

적당한 크기와 길이의 매듭을 선택하여 주머니에 끼우면 완성입니다. 직접 매듭끈을 끼우는 경우에는 송곳처럼 뾰족한 도구를 이용하여 한 개 또는 한 쌍의 매듭을 끼웁니다.

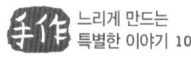 느리게 만드는
특별한 이야기 10

전통자수
한국의 기본 자수 배우기

초판 1쇄 발행 2020년 3월 25일
초판 3쇄 발행 2024년 3월 2일

지은이 조희화
펴낸이 이지은
펴낸곳 팜파스
기획 · 진행 이진아
편집 정은아
디자인 박진희
마케팅 김민경, 김서희

출판등록 2002년 12월 30일 제10-2536호
주소 서울시 마포구 어울마당로5길 18 팜파스빌딩 2층
대표전화 02-335-3681   **팩스** 02-335-3743
홈페이지 www.pampasbook.com | blog.naver.com/pampasbook
페이스북 www.facebook.com/pampasbook2018
인스타그램 www.instagram.com/pampasbook
이메일 pampas@pampasbook.com

값 20,000원
ISBN 979-11-7026-326-5 (13590)

ⓒ 2020, 조희화

이 도서의 국립중앙도서관 출판예정도서목록(CIP)은 서지정보유통지원시스템 홈페이지
(http://seoji.nl.go.kr)와 국가자료공동목록시스템(http://www.nl.go.kr/kolisnet)에서
이용하실 수 있습니다.(CIP제어번호: CIP2020009499)